Jim Cymbala • Stephen Sorenson

Ein Leben, das Gott segnet

Jim Cymbala • Stephen Sorenson

Ein Leben,
das Gott segnet

Projektion J

Titel der Originalausgabe
The Life God Blesses

© 2001 by Jim Cymbala
Published by Zondervan Publishing House,
Grand Rapids, Michigan 49530, USA

© 2002 der deutschen Ausgabe
by Gerth Medien GmbH, Asslar
1. Auflage 2002

ISBN 3-89490-431-3

Auf der Grundlage der neuen Rechtschreibregeln.

Die Bibelstellen wurden der „Gute Nachricht Bibel" entnommen.

Übersetzung: Eva-Maria Nietzke
Umschlaggestaltung: Michael Wenserit
Coverfoto: Getty Images
Satz: Nicole Schol, Projektion J Verlag
Druck und Verarbeitung: Ebner & Spiegel, Ulm

Inhalt

Die Suche

Die Geschichte der Menschheit ist eine Geschichte von Suchen: von der Suche nach Wissen, neuen Ländern, Befreiung von religiöser und politischer Verfolgung, aber auch nach wertvollen Bodenschätzen wie Gold, Diamanten und Erdöl. Die Menschen suchen neue Vergnügungen, den perfekten Lebensgefährten und Frieden inmitten blutiger Kämpfe. Eine uralte Suche ist die nach innerem Frieden und dem Sinn unseres Daseins.

Aus dieser Suche ergibt sich eine der größten Bestrebungen, nämlich Gott zu kennen und zu erfahren. Im Herzen des Menschen gibt es einen unleugbaren spirituellen Instinkt, der die Kommunikation mit dem Schöpfer sucht. Wir können diesen Instinkt leugnen, ignorieren oder unter einem Haufen materieller Dinge begraben, doch die Tatsache, dass wir geschaffen wurden, um uns an Gott zu erfreuen und ihn zu verehren, ist in unsere Seelen eingebrannt.

Unzählige Menschen haben ihre Suche nach dem allmächtigen Gott schriftlich festgehalten. Es gibt genügend Belege für die lebensverändernde Begegnung mit Gott, der seinen Sohn in die Welt sandte, damit die Menschen „das Leben haben, Leben im Überfluss" (Joh 10,10). Doch so interessant die Suche des Menschen nach Gott ist, letztlich weist sie auf eine weitaus bedeutsamere Suche hin, über die wir in diesem Buch nachdenken wollen.

Diese Suche wird in einer lange zurückliegenden Begebenheit beschrieben. Gott sandte einen Propheten mit einer Botschaft nach Jerusalem zu König Asa. Gott tadelte Asa in dieser Botschaft wegen seines schwachen Glaubens und seiner mangelnden Hingabe, doch das prophetische Wort enthielt noch mehr: Es erklärte, dass Gott selbst in eine einzigartige Suche eingebunden ist. Der Prophet beschrieb Gottes Liebe und seinen Wunsch, sein Volk zu segnen, und sprach dann eine Wahrheit aus, die in all ihrer Konsequenz überwältigend ist: „Der Herr behält die ganze Erde im Auge, damit er denen beistehen kann, die ihm mit ungeteiltem Herzen vertrauen" (2 Chr 16,9). Da Gott unveränderlich ist, gilt diese Wahrheit aus den Tagen von König Asa auch heute für uns im 21. Jahrhundert.

Gott ist auf der Suche. Er sucht nicht etwa Wissen oder Edelsteine – schließlich kennt er alles und verfügt über die Welt und sämtliche Dinge, die sich darauf befinden. Wir denken nur selten darüber nach und nur wenige Predigten weisen uns darauf hin: Der Schöpfer aller Dinge behält die ganze Welt im Auge und sucht nach einer ganz bestimmten Herzenshaltung. Er sucht nach menschlichen Herzen, die so sehr für ihn schlagen, dass er seine wundervolle Kraft, Hilfe und seinen Segen im Leben dieser Personen offenbaren kann.

Beachten Sie, dass Gott nicht nach einem hohen

Intelligenzquotienten oder nach einem Multitalent Ausschau hält. Er ist auch nicht auf der Suche nach gewitzten Rednern oder einflussreichen Persönlichkeiten. Er offenbarte, worum es ihm wirklich geht, als er den Propheten Samuel anwies, den künftigen König Israels zu salben. Gott sagte: „Lass dich nicht davon beeindrucken, dass er groß und stattlich ist … Ich urteile anders als die Menschen. Ein Mensch sieht, was in die Augen fällt; ich aber sehe ins Herz" (1 Sam 16,7).

Was David zu einem ganz besonderen Menschen machte, war sein Herz, und dieser Grundsatz hat sich nie geändert. All die großen Männer und Frauen in der Bibel hatten ein solches Herz, das Gott einlud, sie mit seiner Gnade zu erfüllen und dadurch anderen zum Segen zu werden. David, der junge Mann, den Gott zum Thron führte, hatte diese Wahrheit begriffen. Vor seinem Tod wies er seinen Sohn Salomo an: „Du aber, Salomo, lerne den Herrn, den Gott deines Vaters, kennen! Gehorche ihm bereitwillig und mit ungeteiltem Herzen. Denn er sieht uns ins Herz und kennt unsere geheimsten Gedanken" (1 Chr 28,9). Was Gott hinter der äußeren Fassade und dem nach außen sichtbaren Verhalten wahrnimmt, bestimmt das Maß seiner Segnung. Daher war es David so wichtig, dass sein Sohn sorgfältig auf sein Herz Acht gab.

Im Neuen Testament lesen wir, dass Jesus die äußere religiöse Heuchelei der Pharisäer durchschaute und verurteilte. Er hob die Bedeutung eines „aufrichtigen" Herzens hervor: „Vor den Menschen wollt ihr als untadelige Leute gelten, aber Gott weiß, wie es in euch aussieht" (Lk 16,15). Jesus schaute immer ins Herz, und dort erkannte er, wie ein Mensch wirklich war.

Das Christentum ist zwangsläufig eine Religion des Herzens, denn nur aus dem Herzen kommt das hervor, „was dein Leben bestimmt" (Spr 4,23). Gott fordert uns auf, uns ihm mit unserem ganzen Herzen zuzuwenden. Wir werden gerettet, wenn wir von ganzem Herzen darauf vertrauen, dass Gott Jesus Christus vom Tod auferweckt hat (Röm 10,9). Wenn wir in der Bibel zum Beten aufgefordert werden, bedeutet dies, dass wir unser Herz vor Gott ausschütten sollen (Ps 62,8). In modernen Predigten werden oft Aktivitäten und äußere Formen des Gottesdienstes stark hervorgehoben, doch eine wirkliche geistliche Erneuerung beginnt immer im Innersten eines Menschen.

Machen Sie sich bewusst, wie ein Herz beschaffen ist, zu dem sich Gott hingezogen fühlt. In den Worten Samuels an König Saul heißt es: „Der Herr hat sich einen Mann gesucht *nach seinem Herzen*, und der Herr hat ihn bestellt zum Fürsten über sein Volk" (1 Sam 13,14). Gottes Suche nach einem König endete bei dem unbekannten David, der ein ganz besonderes Herz hatte. Aber was bedeutet es nun eigentlich, ein besonderes Herz zu haben, „ein Herz, das Gott Freude macht"?

Es ist äußerst wichtig für uns, über diese Frage nachzudenken, denn die Antwort darauf zeigt uns, wer wir wirklich sind und inwieweit Gott uns zu seiner Ehre gebrauchen kann. Ein Herz, das nicht mit Gottes Herzen in Gleichklang ist, wird ein Leben hervorbringen, in dem es viel geistliche Unfruchtbarkeit und viele versäumte Gelegenheiten gibt. Wenn wir Gott dagegen bitten, unser Herz so zu verändern, dass es mit seinem Herzen im Einklang ist und sich ihm unterstellt, werden wir das Geheimnis der Segnungen entdecken, das über Generationen hinweg unveränderlich geblieben ist.

Der Mann, der nicht hören wollte

Ein Sonntagabend-Gottesdienst, den ich wohl nie vergessen werde, markierte den Beginn einer Reihe von ungewöhnlichen Ereignissen, mit denen ich nie gerechnet hätte.

Wir bereiteten die Austeilung des Abendmahls vor, und ich freute mich schon sehr auf das Predigen. Außerdem sollte an jenem Abend ein junges Ehepaar – es waren Gospelsänger aus Nashville – für uns singen. So war der Ablauf geplant – doch es sollte ganz anders kommen. Während wir Loblieder sangen, begann ein ausgedehnter Moment der Anbetung, an dem sich die Gemeindemitglieder frei beteiligten. Die Leute schütteten ihren Dank regelrecht vor Gott aus, und die Gegenwart Gottes erfüllte die Gemeinde. Wir waren alle überwältigt, als immer intensivere Lob- und Dankgebete zu Gott aufstiegen. Wir verloren jedes Zeitgefühl in der Gegenwart Gottes. Neben der Anbetung des „Lammes in der Mitte des Thrones" (Offb 7,17), des Einen, dem ewige Anbetung zusteht, wurde alles andere bedeutungslos. Es schien, als ob Wellen der Herrlichkeit Gottes über uns hinwegrollten, als wir so vor ihm standen, saßen und knieten.

Als ich vom Podium über die Gemeinde schaute, wurde mir bewusst, dass Gottes Geist in ganz besonderer Weise in unserer Mitte wirkte. Man konnte ein intensives göttliches Eingreifen spüren, als sich Lob und Anbetung mit Bitten und Fürbitten mischten. Viele erkannten und bekannten ihre Fehlerhaftigkeit und falsches Verhalten, was immer der Fall ist, wenn Gottes Geist seine Gegenwart inmitten der Gläubigen offenbart. Ich griff nicht ein, denn wenn ich versucht hätte, das Geschehen zu beenden oder aufzuhalten, hätte ich dem Heiligen Geist damit die Tür vor der Nase zugeschlagen. Das Programm konnte warten. Ich konnte einfach nicht das wundervolle Wirken Gottes in den Herzen der Anwesenden unterbrechen. Der Gottesdienst war erst Stunden später zu Ende, und als ich schließlich den Saal verließ, saßen oder knieten immer noch Menschen still in Gottes Gegenwart.

Carol und ich kamen an diesem Abend spät nach Hause. Wir waren nach diesem langen Tag körperlich erschöpft, doch unser Herz war noch voll von dem, was wir in Gottes Gegenwart erlebt hatten. Als ich aus dem Badezimmer kam, war Carol bereits im Bett und hatte den Fernseher eingeschaltet. Wir schauten uns oft die Übertragung eines der herausragendsten amerikanischen Fernsehevangelisten an, die immer am späten Sonntagabend ausgestrahlt wird. In der Regel wurden Aufzeichnungen von seinen Veranstaltungen gezeigt, so auch an diesem Abend. Der Prediger hatte bereits mit seiner Rede begonnen, als ich das Badezimmer verließ und auch zusah.

In den vorangegangenen Monaten hatte uns der

zunehmend harte und strenge Charakter der Predigten dieses Mannes oft bedrückt. Anstatt behutsam und demütig mit Gottes Wort umzugehen, war seine Predigt ein einziger Wortschwall, mit dem Sünder sämtlicher Kategorien angeprangert wurden. Doch wir waren nicht auf das vorbereitet, was wir an jenem Abend hören sollten.

Er sprach über die Gottlosigkeit der Gesellschaft, die ganz Amerika vergiften würde, und bezog sich auf einen Fall von Kindesmissbrauch, der in der jüngsten Vergangenheit in den Medien Furore gemacht hatte. „Ich werde Ihnen sagen, was mit einem Menschen geschehen sollte, der so etwas getan hat", brüllte er, wobei er auf der Bühne hin- und herlief. „Wenn ich etwas zu sagen hätte, dann würde man ihn an die Wand stellen und erschießen!" Mit einem Mal explodierte die Menge. Viele Zuhörer sprangen auf, klatschten begeistert Beifall und riefen: „Amen!"

Meine Frau stöhnte auf: „Lieber Gott, hilf uns!" Ich erstarrte und war unfähig, mich zu bewegen. Der geistliche Schock, den die Ausführungen dieses Evangelisten in uns hervorrief, ging sehr tief. Wir standen immer noch unter dem Eindruck des Abends, in dem wir mehrere Stunden in der Gegenwart Gottes verbracht hatten, der Liebe ist. Und nun mussten wir uns anschauen, wie über 15 000 Gläubige Beifall klatschten, als ein Evangelist den Vorschlag machte, einen Menschen zu erschießen, der Gottes Geschöpf war! *Egal, welche schrecklichen Dinge dieser Mann begangen hat,* dachte ich, *diese Reaktion entspricht nicht dem Wesen Jesu.* Ich hatte in meinem Leben schon an allen möglichen Arten von Gottesdiensten teilgenommen, doch niemals hatte ich etwas Ähnliches erlebt wie hier. Solche Worte von der Kanzel und eine derart fehlgeleitete Gemeinde – ich konnte dafür keine Worte finden. Die Wut, Gehässigkeit und der Rachedurst auf dem Bildschirm waren Welten von dem Geist Jesu entfernt, der für die Menschen gebetet hatte, die ihn ans Kreuz schlugen.

Das Nächste, woran ich mich erinnere, war Carols Schluchzen und ihre Bitte: „Jim, schalt das aus. Ich kann mir das nicht mehr ansehen." Ich tat, worum sie mich gebeten hatte, und spürte Tränen in mir aufsteigen. *Sollten die Zuschauer in ganz Amerika so etwas hören?*, dachte ich. *Es gibt so unendlich viele Probleme – wie kann dies die gute Nachricht sein, die wir in Jesu Namen verbreiten?*

„Jemand muss mit ihm reden, Jim, bevor es zu spät ist", stieß Carol hervor, als ich das Licht ausschaltete. „Seine Auffassung vom Evangelium ist einfach falsch. Er wird über kurz oder lang dem Evangelium schaden."

„Ich weiß", entgegnete ich. Ich hatte den gleichen Eindruck wie meine Frau, aber es schien, als könnten wir nicht viel tun.

„Kannst du nicht mit deinem Freund sprechen, der ihn gut kennt?", fragte Carol. „Vielleicht kann er ihn beraten oder ihn warnen, bevor etwas passiert."

In dieser Nacht lag ich wach im Bett und betete, dass Gott auf irgendeine Weise diesen Evangelisten daran hindern würde, auf jenem Weg der Selbstzerstörung fortzuschreiten. In der darauf folgenden Woche sprachen Carol und ich häufig über die Situation, doch ich konnte mich nicht dazu durchringen, meinen Freund zu bitten, mit ihm zu reden. Es ging immerhin um einen sehr berühmten Redner, dem ich noch nicht einmal persönlich begegnet war.

Acht Tage später sprachen Carol und ich erneut über den Fernsehprediger. Konnten wir irgendetwas für ihn tun – wollte Gott, dass wir etwas Bestimmtes taten?

Plötzlich hatte ich das dringende Bedürfnis, meinen Freund anzurufen. Auch er war im landesweiten pastoralen Dienst tätig, und ich wusste, dass er schon mehrmals an der Hochschule des Fernsehpredigers gesprochen hatte. Ich griff rasch nach dem Hörer und wählte seine Nummer. Er nahm ab und nach einigen kurzen Begrüßungsworten kam ich nervös auf den Grund meines Anrufs zu sprechen. „Ich weiß wirklich nicht, wie ich dies sagen soll, und ich möchte auf keinen Fall Druck auf dich ausüben, aber Carol und ich sind über eine bestimmte Sache sehr besorgt."

Ich erzählte ihm in kurzen Worten von jenem ganz besonderen Sonntagabend-Gottesdienst und von dem Schock, den die harten Bemerkungen des Fernsehpredigers bei uns ausgelöst hatten. Ich machte meinem Freund klar, wie sehr wir davon betroffen waren und dass wir das Gehörte einfach nicht zu den Akten legen konnten. In der Leitung war es völlig still. „Bist du noch dran?", fragte ich.

Nach einer kurzen Pause sagte er langsam und mit bewegter Stimme: „Sprich weiter, Jim."

„Nun, das war eigentlich alles. Wir wissen, dass

du diesen Prediger recht gut kennst, und möglicherweise will Gott, dass du etwas in der Sache unternimmst. Jemand muss etwas tun, sonst wird er bis zur Selbstzerstörung weitermachen. Verstehst du, was ich meine?"

Erneutes Schweigen am anderen Ende der Leitung. Dann war ich fast sicher, ein leises Schluchzen zu hören. „Oh, rufe ich zu einem ungünstigen Zeitpunkt an?", sagte ich nervös. „Ich sollte dich mit der ganzen Sache wahrscheinlich gar nicht belästigen."

„Jim, ich bin so froh, dass du anrufst", erwiderte mein Freund. „Gott wollte, dass wir gerade jetzt miteinander reden."

Dann erzählte er mir, dass er nur zehn Tage zuvor mit seiner Frau die Schule des Fernsehpredigers besucht hatte, um dort einen Vortrag zu halten. Was er dort gesehen und mitbekommen hatte, hatte ihn zutiefst beunruhigt. Das Tempo und der Stress waren so hoch, der finanzielle Druck so groß und der Zeitplan für Fernsehübertragungen und Veranstaltungen so knapp, dass der Fernsehprediger keine Zeit mehr für sein eigenes geistliches Leben hatte. Mein Freund hatte erkannt, dass der Prediger im Begriff stand, geistlich zu verarmen. Sorgfältiges Bibelstudium, stille Momente in Gottes Gegenwart und Zeit allein mit seiner Frau – diese grundlegenden Werte wurden von einem monströsen Imperium überschwemmt, das seine ganze Zeit und Energie verschlang. Mein Freund kehrte tief betroffen nach Hause zurück – in seinem Innern waren die „Warnblinklichter" angegangen.

Doch das war noch nicht alles. Als er einige

Abende vor meinem Anruf ins Gebet vertieft war, fühlte mein Freund, dass Gottes Geist zu ihm sprach und ihm ein prophetisches Wort der Warnung für den Fernsehprediger mitteilte. Zitternd und überwältigt schrieb er diese Worte nieder. Die zentrale Botschaft des Briefes lautete: „Leg alles still. Gott will, dass du alles beendest, egal, welche Kosten damit verbunden sind. Kehre zurück zum Gebet, zum Wort Gottes und zu deiner Familie – kehre zurück zu Gott. Mach dir keine Sorgen über die zu erwartenden Kosten der Stilllegung, denn der Preis wird viel höher sein, wenn du nicht zu den geistlichen Wurzeln und zur Gemeinschaft mit Gott zurückkehrst."

Mein Freund erzählte, dass seine Sekretärin diesen Brief bereits geschrieben habe, ihn aber erst absenden solle, wenn er grünes Licht dafür geben würde. Er wollte sicher sein, dass er von Gott geleitet wurde, denn ihm war klar, dass der Brief seine Freundschaft mit dem Fernsehprediger aufs Spiel setzte. Als mein Freund an jenem Abend in seinem Arbeitszimmer gebetet hatte, hatte er Gott um ein Zeichen gebeten – um eine Bestätigung, dass er den Brief wirklich abschicken sollte. In diesem Moment hatte das Telefon geklingelt. Ich war am anderen Ende der Leitung und brachte dasselbe Thema zur Sprache!

Der Brief wurde am darauf folgenden Tag abgeschickt, doch die Reaktion war nicht sehr ermutigend: Mein Freund erhielt die Antwort, seine Feststellungen und sein „Wort des Herrn" entbehrten jeder Grundlage. Der Fernsehprediger könne nicht einmal daran denken, „alles still zu legen", weil zu viel auf dem Spiel stand – zu viele Städte und Gebiete mussten erreicht werden, zu viele Verträge mit Fernsehsendern waren unterzeichnet worden, zu viele Veranstaltungen waren geplant, zu viel Geld kam täglich herein. Gott konnte unmöglich etwas so Radikales gesagt haben wie „Leg alles still".

Der Fernsehprediger hörte nicht auf unseren gemeinsamen Freund, den Gott gebraucht hatte, um ihn vor künftigen Gefahren zu warnen. Schon bald kam der Tag, an dem er vermutlich wünschte, er hätte ihm Gehör geschenkt und alles aufgegeben. Doch zu dem Zeitpunkt waren sein Name und sein Bild bereits auf der ganzen Welt ein Symbol für Skandal und Schande. Das geistliche Krebsgeschwür, das seit langer Zeit in ihm gewachsen war, hatte schließlich sein Opfer gefordert. Alle Tränen und öffentlichen Entschuldigungen kamen zu spät und konnten sein Leben nicht mehr davor bewahren, außer Kontrolle zu geraten. Schließlich wurde alles stillgelegt – das Imperium, der pastorale Dienst im internationalen Fernsehen, die großangelegten Kampagnen. Das Ganze wurde zu einer der traurigsten Geschichten in der religiösen Welt des 20. Jahrhunderts.

Als sich diese Tragödie ereignete, wusste ich von mindestens einem Fall, in dem Gott sich darum bemüht hatte, diesen Mann zu erreichen und zu ret-

Das Problem war, dass Gott redete,
aber niemand zuhörte.

ten. Gott ist treu und Gott ist Liebe. Er will nicht, dass jemand zu Fall kommt. Das Problem war, dass Gott redete, aber niemand zuhörte.

In der Bibel wird immer wieder deutlich gemacht, wie wichtig es ist, dass wir für Gottes Reden offen sind. Wir alle begehen Fehler, führen Gottes Willen nur unvollkommen aus und rebellieren sogar gegen seine Anweisungen. Doch wenn wir uns weigern, auf seine korrigierende und Richtung weisende Stimme zu hören, dann können die Dinge sehr schnell äußerst kritisch werden.

Ich erinnere mich daran, wie sehr das auf die Ballspielplätze von Brooklyn zutraf, wo ich mich als Kind tummelte. Ich spielte leidenschaftlich gern Basketball. Als ich begann, in der Schulmannschaft der *Erasmus Hall Highschool* zu spielen – einer Schule mit einer großen Basketballtradition –, fiel mir gleich zu Beginn etwas Merkwürdiges auf. Die Typen, die ich von unseren Wettkämpfen im Park kannte, konnten wirklich sehr gut spielen, doch sie wurden nie in die Mannschaft aufgenommen. Das bedeutete, dass sie kein Sportstipendium für das College erhalten konnten. Viele dieser begabten Jungen hatten ein zentrales Problem: Sie waren nicht bereit, auf das zu hören, was man ihnen sagte. Kein Trainer konnte ihr Spiel korrigieren. Auf keinen Fall! Niemand konnte ihnen beibringen, wie man besser verteidigen, genauer werfen oder einen besseren Rebound erzielen konnte. Sie waren nicht lenkbar. Sie würden keine Anweisungen befolgen. All ihre Talente und Fähigkeiten waren wertlos.

Lehrer kennen das Dilemma, wenn man mit einem Schüler oder Studenten zu tun hat, der sich nicht fügen will. Eltern sind mit der Problematik vertraut, was es heißt, ein Kind aufzuziehen, das immer seinen eigenen Willen durchsetzen will. Wo immer wir mit Versagen, verschenkten Möglichkeiten und Kummer zu tun haben, ist diese Weigerung zuzuhören und zu gehorchen ein Grund dafür.

Der König, der seine Herrschaft gut begann

Gehorsam ist nicht immer einfach. König Amazja ist eines der besten biblischen Beispiele für diese Tatsache. Er war ein Mann, der nicht auf Gott hören wollte. Seltsam ist, dass Amazja dies zu Beginn noch getan hatte. Als er seine Herrschaft als König von Juda antrat, hörte er sehr aufmerksam und folgsam auf das Wort Gottes.

„Amazja war fünfundzwanzig Jahre alt, als er König wurde, und er regierte neunundzwanzig Jahre in Jerusalem… Er tat, was dem Herrn gefiel, aber er hielt sich nicht mit ungeteiltem Herzen zu ihm. Nachdem er die Herrschaft fest in die Hand bekommen hatte, ließ er die Hofleute töten, die seinen Vater Joasch ermordet hatten. Ihre Söhne aber verschonte er, weil im Gesetzbuch Moses das Gebot des Herrn steht: ,Die Väter sollen nicht für die Schuld ihrer Söhne sterben und die Söhne nicht für die Schuld ihrer Väter; jeder soll nur für seine eigene Schuld bestraft werden'" (2 Chr 25,1–4).

Nachdem er fest auf dem Thron saß, musste sich Amazja um einige unerledigte Angelegenheiten kümmern. Sein Vater, König Joasch, war ermordet worden, und es war Amazjas Pflicht, die Verantwortlichen zu bestrafen. Obwohl er nun über uneingeschränkte Macht verfügte, gab Amazja nicht dem Verlangen nach, seine Rache auch auf die Familien der Mörder auszudehnen. (Dies war in jenen Tagen, in denen königliche Macht verheerende Dinge unter den Völkern anrichtete, durchaus üblich.) Stattdessen achtete Amazja auf Gottes Gebot aus dem Buch Deuteronomium, Kapitel 24, Vers 16. Dieses Gebot beschränkte die Bestrafung – unabhängig von der Schwere des Verbrechens – auf die Schuldigen und schützte die Kinder der Täter. Amazja gehorchte also dem Wort Gottes.

Wenig später kam eine weitere Herausforderung auf den König zu. Nachdem er seine Armee für einen großen Feldzug gegen die Edomiter gerüstet und vergrößert hatte, „ließ der König für 100 Zentner Silber noch 100 000 Söldner aus dem Nordreich Israel anwerben" (2 Chr 25,6). Er glaubte, dass die 300 000 Mann starke Truppe aus Juda nur durch weitere Kämpfer aus dem Nordreich Israel verstärkt werden konnte. Jedermann weiß doch, dass man im Krieg mit mehr Soldaten immer bessere Karten hat. Nun, Amazja fand heraus, dass sich Gottes Rechnung von seiner eigenen Rechnung unterschied.

Ein Mann Gottes kam zu ihm und erklärte ihm unerschrocken: „Mein König, du solltest die Kriegsleute aus Israel zu Hause lassen! Der Herr steht nicht auf der Seite dieser Efraïmiter aus dem Nordreich" (2

Chr 25,7). Die zehn Nordstämme Israels waren dem Götzendienst verfallen und aus diesem Grund war Gott zornig mit ihnen. Deshalb wurde es Amazja verboten, Streitkräfte aus Israel einzusetzen. „Wenn du sie mitnimmst, kannst du dich noch so mutig in den Kampf stürzen – Gott wird dafür sorgen, dass du deinen Feinden unterliegst. Denn er kann beides: dir helfen und dich zu Fall bringen" (Vers 8). Mit anderen Worten: Mehr ist weniger, wenn nicht Gottes Segen darauf liegt!

Amazja machte sich jedoch wegen der 100 Zentner Silber Gedanken, die vergeudet worden wären, würde er die israelitischen Söldner zurückschicken. „Und was wird aus den 100 Zentnern Silber, die ich den Söldnern aus Israel gegeben habe?", fragte Amazja. Der Prophet entgegnete: „Der Herr kann dir viel mehr als das wiedergeben" (Vers 9). Also gehorchte der König und entließ die angeworbenen Truppen. Er führte seine kleinere, aber unter Gottes Segen stehende Armee in das Salztal und besiegte die Edomiter.

Wie groß war die Freude unter den Truppen Judas, als sie in jener Nacht den eindrucksvollen Sieg feierten! Amazjas Geschichte vermittelt uns eine wundervolle Lektion: Er gehorchte nicht nur den ausdrücklichen Anweisungen des göttlichen Gesetzes, sondern befolgte auch die prophetische Stimme von Gottes Geist. Dieser Gehorsam gegenüber Gottes Leitung in einer spezifischen Situation – wenn auch mit großem materiellen Verlust verbunden – ist ein eindrückliches Beispiel, dem wir folgen sollten. Als der König auf Gott hörte und seine Anweisungen befolgte, zeigte

Gott seine Treue und erfüllte sein Versprechen. Er verhalf dem Volk zum Sieg und segnete es.

Es ist unglaublich – oder nicht?

Doch dann geschah zum Abschluss des Feldzugs gegen die Edomiter etwas Merkwürdiges mit König Amazja. Er wurde auf die Götterbilder aufmerksam, die die besiegten Feinde verehrt hatten. Was er daraufhin tat, ist fast zu unglaublich, um wahr zu sein: „Als Amazja von seinem Sieg über die Edomiter heimkehrte, brachte er deren Götterbilder mit. Er stellte sie als seine eigenen Götter auf, warf sich vor ihnen nieder und verbrannte ihnen Räucheropfer. Deshalb wurde der Herr zornig auf ihn" (2 Chr 25,14–15).

Wie konnte das einem Mann passieren, der gerade erst so reich von Gott gesegnet worden war? Das Gesetz Gottes verbietet ganz klar jede Verneigung vor heidnischen Götzen. Gott hatte seinem Volk wiederholt geboten, keine anderen Götter neben ihm zu haben (Ex 20,3; Dtn 5,7). Das war gewissermaßen das kleine Einmaleins ihres Gesetzes! Doch irgendwie verstopfte Amazjas ungesunde Faszination für die edomitischen Götterbilder seine Ohren für das Wort Gottes. Vielleicht war seine bisher so erfolgreiche Herrschaft der Grund. Vielleicht war es sein großartiger Sieg über die Edomiter. Wir wissen nicht, warum, doch aus irgendeinem Grund hörte der König von Juda auf, sein Handeln an den göttlichen Vorschriften auszurichten.

Die Situation wurde immer schlimmer,
und das passiert üblicherweise,
wenn man Gott den Rücken kehrt.

Die Situation wurde immer schlimmer, und das passiert üblicherweise, wenn man Gott den Rücken kehrt. Während Amazja den Götterbildern opferte, wurde Gott wegen dieses unverfrorenen Fehlverhaltens des Königs sehr wütend. Ein Prophet Gottes stellte Amazja eine Frage, die unmittelbar von Gott kam: „Warum verehrst du diese Götter, die ihr Volk nicht vor dir beschützen konnten?" (2 Chr 25,15). Gott sagte mit anderen Worten: „Wach auf, Amazja! Diese Götterbilder sind nicht nur stumme Götzen, sie sind außerdem die ‚Verlierer-Götter', die nichts für die Edomiter taten, die du mit meiner Hilfe so siegreich bezwungen hast!" Es ist unglaublich, wie sehr uns der Ungehorsam für die Wahrheit blind macht, selbst wenn diese Wahrheit uns geradezu ins Gesicht schreit.

Amazja wurde noch starrköpfiger und wies die prophetische Botschaft zurück, die ihn von seinem Irrweg retten sollte. Noch während der Prophet sprach, sagte der König: „Habe ich dich etwa als meinen Berater eingesetzt? Hör auf, wenn du keine Schläge bekommen willst" (Vers 16). Der Mann, der zuvor wie ein Kind auf Gottes Stimme geachtet hatte, unterbrach nun voller Arroganz die Botschaft des Propheten und drohte ihm sogar mit dem Tod, wenn er weitersprechen würde. Bevor der Prophet, dessen Name nicht genannt wird, wegging, sagte er etwas, das wir alle beherzigen sollten – ich bitte Gott darum, dass wir diese Worte nicht vergessen: „Ich weiß, der Herr hat deinen Untergang beschlossen, weil du dich diesen fremden Göttern zugewandt und nicht auf mich gehört hast" (Vers 16).

So lautete das förmliche Urteil. Nachdem Amazja seine Ohren vor Gottes Stimme verschlossen hatte, konnte ihm nichts auf der Erde oder im Himmel mehr helfen. Er war verurteilt, weil er nicht gehorchen wollte.

Bald darauf unternahm Amazja einen unklugen Angriff auf das Nordreich Israel. Doch da Gottes Segen ihn nicht länger begleitete, wurde seine Armee geschlagen. Amazjas siegreiche Feinde rissen die Stadtmauer auf einer Länge von 200 Metern nieder, beschlagnahmten das Gold und Silber und die kostbaren Tempelgerätschaften und plünderten den königlichen Palast. Und sie nahmen zahlreiche Geiseln. Am Ende war Juda bankrott, der Tempel war entweiht worden, und zahllose Familien beklagten den Verlust von Ehemännern und Vätern, die sie nie wieder sehen würden. Dies war das traurige Vermächtnis des Königs, der nicht auf Gott hören wollte.

Eine große Tragödie

Die Wahrheit ist: Egal, wie falsch wir gehandelt haben, egal, wie tief wir gefallen sind – es gibt immer noch Hoffnung, solange wir bereit sind, auf Gott zu hören.

Erst wenn wir völlig von uns selbst eingenommen und zu beschäftigt sind, um still zu stehen und auf ihn zu hören, trennen wir uns selbst von dem einen wahren Freund ab, der uns helfen kann. Unsere Oberflächlichkeit und unsere Egozentrik machen uns taub für Worte, die uns Heilung und geistliches Leben bringen könnten. Selbst wenn Gott Angehörige oder Freunde zu uns schickt, sind wir oft zu stolz, um ihre Hilfe zu akzeptieren. „Ich dachte, du wärst mein Freund. Wie kannst du so etwas sagen?", lautet unsere unausgereifte Antwort, die zeigt, dass wir Gottes Plan mit uns überhaupt nicht begriffen haben.

Als ich diese Botschaft über König Amazja für eine Sonntagspredigt vorbereitete, verbrachte ich mehrere Tage mit Gebet und Nachdenken, um herauszufinden, wie ich diese Botschaft am wirkungsvollsten vermitteln könnte. Unter anderem bat ich Gott darum, mir ein Beispiel zu geben, anhand dessen ich die Konsequenzen eines solchen Ungehorsams erkennen konnte. Nun, ich war auf die Antwort, die ich daraufhin bekam, nicht vorbereitet, und ich war auch nicht sehr glücklich darüber.

Als ich Barbara zum ersten Mal begegnete, war sie noch ein Kind. Sie war die Tochter eines befreundeten Ehepaares, das Gott zu unserer Gemeinde geschickt hatte, als ich noch am Anfang meiner Tätigkeit als Pastor stand. Barbaras Vater war ein trockener Alkoholiker, den die Kraft Jesu Christi zu einem treuen Beter und Diener Gottes umgewandelt hatte. Carol und ich waren häufig bei ihnen zu Gast. Während wir genüsslich Reis und Bohnen und andere Gerichte aus

Puerto Rico aßen, spielte Barbara nebenan mit unserer Tochter Chrissy, die ungefähr im gleichen Alter war.

Nach einigen Jahren beschlossen Barbaras Eltern, zunächst nach Pennsylvania zu ziehen und später nach Puerto Rico zurückzukehren, um dort ihren Lebensabend zu verbringen. Doch sie hatten Probleme mit Barbara, die ihr ansonsten ruhiges Leben durcheinander brachten.

Barbara entwickelte sich mit der Zeit zu einem immer rebellischeren Teenager. Sie wurde so von sich selbst, ihren Ansichten und der Entschlossenheit, ihren eigenen Willen durchzusetzen, geleitet, dass sie fast gar keine Ähnlichkeit mehr mit dem netten Mädchen hatte, das vor unseren Augen herangewachsen war. Sie war nicht bereit, Rat oder Korrektur anzunehmen. Sie erteilte ihrer Familie, ihren Jugendleitern und überhaupt jedem eine Abfuhr, der sich ihr in den Weg zu stellen schien. Ich erinnere mich an ein kurzes Gespräch, das ich mit ihr führte. Ich war zutiefst erschrocken über die Härte, die von ihr ausging. Barbara war ganz offensichtlich davon überzeugt, dass sie alle Antworten hatte.

Nachdem ihre Eltern nach Puerto Rico zurückgekehrt waren, zog Barbara mit einem Mann zusammen und hatte mehrere Kinder mit ihm. Ihre Beziehung zerbrach und Barbara zog in einen anderen Stadtteil von New York. Sie war 31 Jahre alt und von der Bildfläche verschwunden … bis zu jener Woche, in der ich die Predigt über König Amazja vorbereitete.

In der Mitte der Woche legte einer der Pastoren, die gemeinsam mit mir für die Gemeinde zuständig sind, zwei Zeitungsartikel auf meinen Schreibtisch. Einer stammte aus der *New York Post*, der andere aus der *Daily News*. Es handelte sich nicht etwa um kleine Nachrichtenartikel, sondern um groß aufgemachte Berichte über ein schreckliches Verbrechen. Und mitten in dem Schlamassel befand sich Barbaras Foto. Sie war mit einem 19-jährigen Mann zusammengezogen, der offenbar ernsthafte Probleme hatte. Die Zeitung berichtete, dass Barbaras dreieinhalbjährige Tochter in der verwahrlosten Wohnung, die das Paar bewohnt hatte, ermordet aufgefunden worden war. Der junge Mann wurde ohne Möglichkeit auf Kaution in Haft genommen, und Barbara wurde nach Rikers Island gebracht, einem äußerst finsteren Gefängnis, in dem niemand auch nur eine Nacht verbringen möchte.

Während ich also am Sonntag die Botschaft über den „Mann, der nicht hören wollte" predigte, weinte eine ängstliche, gebrochene Frau in einer einsamen Zelle in Rikers Island vor sich hin. Doch inmitten dieses furchtbaren Alptraums von Fehlverhalten und geistlicher Finsternis leuchtete ein Lichtstrahl auf. Barbara begann zuzuhören und erinnerte sich an das, was sie Jahre zuvor über Jesus Christus gehört hatte.

Barbara wurde auf Kaution freigelassen und machte sich schon bald auf den Weg zur *Brooklyn Tabernacle*. Bei einer Gebetsversammlung an einem Dienstagabend betete die ganze Gemeinde für sie, als sie zu Gott um Gnade und Vergebung schrie. Es war ein sehr bewegender Moment, als wir sie sagen hörten: „Jesus, bitte vergib mir. Hilf mir! Gib mir noch eine Chance!"

Barbara erzählte mir später, dass alles in ihrem

Leben schief zu laufen begann, nachdem sie sich von Jesus abgewandt hatte. Sie hatte ihre Ohren für die Wahrheiten verschlossen, die sie als Kind gehört hatte, und auch für die Menschen um sie herum, die sie liebten und alles versucht hatten, damit sie zu Gott zurückkehrte. Diese Weigerung zu hören hatte Barbara in schreckliche Situationen gebracht, von denen sie sich niemals hätte träumen lassen.

In der Zwischenzeit wurden weitere schreckliche Anschuldigungen gegen Barbara erhoben, sodass sie ins Gefängnis zurück musste, um dort den Prozess abzuwarten. Während ich dieses Buch schreibe, sitzt sie erneut in Rikers Island ein und wartet auf das Urteil ihrer Verhandlung. Viele von uns beten, dass Gott ihr gnädig ist, aber selbst wenn sie lange dort bleiben muss, wissen wir eines ganz sicher: Barbara ist nicht allein – und das weiß sie. Sie ist erneut von dem Frieden erfüllt, der sich einstellt, wenn man auf Gott hört.

Ich danke Gott für seine erstaunliche Liebe und Freundlichkeit.

Der unerwartete Brief

Während ich an diesem Kapitel arbeitete, erhielt ich einen Brief von Barbara, die mir aus dem Gefängnis schrieb. Nachdem ich ihren Brief gelesen hatte, wurde mir klar, dass ich ihn hier einfügen muss, und sie hat sich damit einverstanden erklärt, dass dieser Brief an dieser Stelle abgedruckt wird. Sie ist davon überzeugt, dass Gott ihn gebrauchen kann, um andere Menschen wachzurütteln und ihnen deutlich zu machen, wie wichtig es ist, auf Gottes Stimme zu hören. Sie wünscht niemandem, den Kummer und Schmerz zu erleben, den sie durchmacht und für den sie selbst verantwortlich ist.

Lieber Pastor Cymbala,
ich hoffe, dass es Ihnen und Ihrer Familie gut geht,
wenn Sie diesen Brief erhalten.
Ich habe die Kopie von „Fresh Power" erhalten,
die Sie mir geschickt haben. Ich habe das Buch
gerade zu Ende gelesen und Gott hat mich durch
diese Lektüre wirklich gesegnet. Es ist schon
komisch – vor einigen Tagen hatte ich gebetet, dass
Gott mir zeigen solle, wie ich ohne meine Tochter
weiterleben sollte. Als ich das Kapitel über das
Ehepaar in Afrika las, schien Gott mir zu sagen:
„Das ist die Antwort." Ich glaube, dass mich diese
Antwort gerettet hat – obwohl diese Tragödie so
schrecklich war!
Als Gott meine Tochter zu sich nahm, erinnerte ich
mich daran, wie sehr ich Gott einst geliebt und
ihm vertraut hatte. Ich hatte all das vergessen!
Es tut mir schrecklich weh, dass ich ohne meine
Tochter weiterleben muss, doch ich weiß, dass
viele Menschen durch ihren Tod zu Gott finden
werden. Es hat bereits begonnen. Ich habe hier
in Rikers Island angefangen, fast jeden Abend
Kleingruppentreffen anzubieten, in denen wir in der
Bibel lesen. Gott hat mir von allen Seiten Frauen
geschickt, die daran teilnehmen.

Gott verfolgt ein Ziel damit, dass er mich hinter diesen Mauern lässt, und obwohl ich es wirklich hasse, hier zu sein, hat Gott dafür gesorgt, dass ich die Zeit „besser" verlebe. Damit will ich nicht sagen, dass ich keine schlechten Tage mehr habe, denn Gott weiß sehr wohl, wie mir manchmal zumute ist. Aber ich weiß: Sobald ich ihn um Hilfe bitte, ist er sofort da und erinnert mich daran, dass er nur ein Gebet von mir entfernt ist.

Unser Bibelkreis ist gewachsen. Es begann mit mir und einer anderen Frau, und nun kommen jeden Abend fünf weitere Frauen und noch einige andere, die gelegentlich zuhören. Wissen Sie, ich hatte den Vers „Ihr könnt nicht zwei Herren dienen" nie so richtig begriffen. Jetzt verstehe ich ihn. Bevor ich mich von der Gemeinde abwandte, hatte ich versucht, zwei Herren zu dienen, und das klappte nicht. Der schmale Weg war nicht so ansprechend wie der breite Weg. Doch Gott ist so gut, dass er mich dennoch gerettet hat.

Ich kann mich noch daran erinnern, dass ich als kleines Mädchen nichts anderes wollte, als für Gott zu singen, in der Bibel zu lesen und ihn zu preisen. Wenn ich nun in meiner Zelle sitze und nachdenke, kann ich erkennen, dass Jesus lange Zeit hindurch auf mich wartete – durch jeden Schmerz, durch jeden schlechten Moment hindurch, und während ich so sehr versuchte, all das Schlimme zu vergessen, das ich durchmachte. Er saß einfach da und wartete, und ich konnte beinahe seine Stimme hören: „Ruf mich an, Barbara. Ich werde dir helfen.

Ruf mich einfach an." Aber ich tat es nicht. Ich war zu beschäftigt … Ich will nie wieder mit Dingen oder Menschen zu tun haben, die nicht mit Gott in Verbindung stehen. Ich habe so viele andere Götter verehrt, Pastor Cymbala, und sie haben mich in diese schlimme Situation gebracht.

Ich werde jetzt aufhören zu schreiben. Ich werde später anrufen oder schreiben, denn für heute muss ich erst mal Schluss machen. Ich werde einige Frauen aus diesem Gefängnis zu Ihrer Gemeinde schicken. Bitte nehmen Sie sie auf, wenn sie entlassen werden, und zeigen Sie ihnen die gleiche Liebe, die Sie mir entgegengebracht haben. Ich erzähle den Frauen hier, dass es nur einen Weg gibt, sich zu ändern und nicht in ihre alten schlechten Gewohnheiten zurückzufallen: Sie müssen Gott den ersten Platz in ihrem Leben einräumen und ihm in allem vertrauen. Ich habe vielen von ihnen gesagt, dass sie die Menschen in Ihrer Gemeinde aufsuchen sollen und dass Ihr ihnen helfen werdet. Ich hoffe, dass Sie damit einverstanden sind. Bitte lassen Sie mich wissen, wie Sie darüber denken. Viele der Frauen hier wollen sich ändern, doch wenn sie entlassen werden, kehren sie unmittelbar zu ihrem alten Leben und ihrer alten Umgebung zurück. Sie können sich nicht ändern, wenn Gott ihnen nicht hilft.

Bitte beten Sie weiterhin für mich. Könnten Sie mir auch noch mehr Bücher schicken? Ich möchte lieber geistliche Lektüre lesen als die unflätigen Bücher, die wir hier im Gefängnis vorgesetzt bekommen.

*Ich bete dafür, dass Gott Sie und Ihre Gemeinde
segnet und bewahrt.*
Barbara

Entwickeln Sie ein hörendes Herz

Die göttliche Botschaft, die Jesaja vor Tausenden von
Jahren aussprach, gilt für alle Menschen zu allen Zeiten: „Hört doch auf mich, dann habt ihr es gut und
könnt euch an den erlesensten Speisen satt essen! Hört
doch, kommt zu mir! Hört auf mich, dann werdet ihr
leben!" (Jes 55,2–3). Der Schlüssel zu einem geseg-
neten Leben ist ein hörendes Herz, das sich danach
sehnt zu wissen, was Gott sagt.

Denken Sie einen Moment lang über den mangelnden Segen und die zunehmende Härte im Herzen und
Leben so vieler Christen nach. Diese Leere ist in erster Linie darauf zurückzuführen, dass man nicht auf
Gott hört. Denken Sie über die zahllosen entmutig-
ten Pastoren nach, die von allen gemeindlichen Mode-
erscheinungen und Glaubensformeln in Anspruch
genommen sind, die von Menschen stammen, und
die nur wenig Zeit dafür aufwenden, auf Gott zu warten und auf die Anweisungen des Heiligen Geistes für
ihren pastoralen Dienst zu hören. Gott ist ein Gott,
der redet und mit uns sprechen möchte, aber am
anderen Ende der Leitung muss jemand zuhören.

In der Offenbarung finden wir sieben Briefe Jesu
an verschiedene Gemeinden. Der geistliche Zustand
der einzelnen Gemeinden war unterschiedlich, und

daher waren die Worte Christi nie die gleichen – sie bezogen sich auf eine jeweils einzigartige Situation. Doch es ist beachtenswert, dass er jeden der sieben Briefe mit dem gleichen Satz abschloss: „Wer hören kann, der achte auf das, was der Geist den Gemeinden sagt" (Offb 2–3).

*Gott ist ein Gott, der redet
und mit uns sprechen möchte,
aber am anderen Ende der Leitung
muss jemand zuhören.*

Der Heilige Geist hat auch heute noch wichtige Botschaften für Menschen, die Gott vertrauen – doch wir müssen weiche, aufmerksame Herzen haben, um sein Reden zu hören.

Wann haben Sie und ich das letzte Mal Gottes Stimme gehört? Es geht hier nicht um eine exzentrische, fanatische Glaubensschwärmerei. Es geht vielmehr um etwas, das über Leben und Tod entscheidet und unser Leben hier auf der Erde und nach unserem Tod bestimmt. Gott bittet noch immer auf unendlich vielfältige Art: „Hört auf mich, dann werdet ihr leben!" (Jes 55,3). Sollten wir nicht alle zur Ruhe kommen und vor Gott still werden? Kann uns irgendetwas Nutzen bringen, wenn wir nicht auf das hören, was der Schöpfer uns zu sagen hat?

Gott ist noch immer auf der Suche nach aufmerksamen, gehorsamen Herzen, denn er will Menschen mit einem solchen Herzen mit seiner Kraft und Macht beschenken. Lassen Sie uns Gott darum bitten, dass er uns ein kindliches Herz schenkt, so wie das Herz des jungen Samuel, der auf Gottes Rufen antwortete: „Sprich, Herr, ich höre" (1 Sam 3,10).

Herr, hilf uns, ein aufmerksames Herz zu haben, das weich und offen für dein Reden ist. Bewahre uns davor, so sehr von uns selbst erfüllt zu sein, dass wir deine Stimme nicht mehr hören. Schenk uns die Gnade, zu hören und zu gehorchen, wenn du zu uns sprichst. Amen.

Gott als Vorbild

Wir haben alle schon einmal den Ausdruck gehört: „Nachahmung ist die aufrichtigste Form der Schmeichelei", aber wahrscheinlich ist uns gar nicht klar, welch eine große Rolle das Nachahmen in unserem Leben spielt. Ob wir uns dessen bewusst sind oder nicht: Wir nehmen häufig Dinge, die uns tief beeindrucken, in unser eigenes Verhaltensmuster auf. Nicht nur kleine Kinder verwenden die Methode des Nachahmens zum Lernen, sondern wir setzen dies auch als Erwachsene auf die eine oder andere Weise fort. Die gesamte Werbeindustrie baut weitgehend auf der Prämisse auf, dass die Menschen den Lebensstil und die Wahl derer nachahmen, die sie bewundern und wertschätzen. Als einige hochrangige Sportler begannen, ihre Baseballkappen verkehrt herum aufzusetzen, dauerte es nicht lange, bis Millionen von Kindern und Erwachsenen das Gleiche taten.

Gilly, mein Held

Ich wuchs in Brooklyn auf und beobachtete als Kind die von mir verehrten Sportler sehr aufmerksam. Ich wusste, wie sie liefen, wie sie den Schläger schwangen und wie sie beim Basketball einen Korb warfen – und verinnerlichte das Gesehene. Was ich sah und nachahmte, beeinflusste die Art und Weise, wie ich diese Spiele spielte. Wenn ich jemanden wirklich als Idol verehrte, tat ich alles, um ihn zu imitieren, und dabei kopierte ich sogar seine Eigenarten.

Gilly war für mich ein solches Vorbild. Er war drei oder vier Jahre älter als ich, aber er war kein Mickey Mantle, Willie Mays oder Duke Snider – die Mittelfeldspieler bei den *Yankees*, *Giants* und *Dodgers*, die alle in New York spielten, als ich in die Grundschule ging. Alle Kinder in der Nachbarschaft diskutierten ständig darüber, wer von diesen drei Superstars der Beste war. Gilly war kein Superstar in der höchsten Liga, aber er war der beste Stickball-Spieler in der Parkside Avenue („Stickball" ist eine Straßenversion des Baseball und war damals die wichtigste Sportart in unserem Wohnblock). Niemand war besser als Gilly.

Einige Male hatte ich Glück und konnte in Gillys Mannschaft an einem Stickball-Spiel teilnehmen, aber meistens spielte ich nicht mit, weil ich für diese Gruppe zu jung war. Also stand ich am Rand und beobachtete wie ein Adler jede einzelne Bewegung, die Gilly ausführte. Er hielt den Schläger mit der linken Hand und warf mit der rechten Hand, was ich nicht konnte – doch ich eiferte allem anderen nach: seinem Wurf, seinem Laufstil, selbst seiner Bewegung nach dem Schwingen des Besenstiels, den wir als Schläger benutzten. Doch damit nicht genug.

Gilly trug ein ID-Armband an seinem Handgelenk,

wie es Soldaten in den USA gewöhnlich an einer Kette um den Hals tragen. Damals waren solche Armbänder bei Teenagern besonders beliebt. Jedes Mal, wenn Gilly den Ball warf, den Schläger schwang oder schnell lief, rutschte sein locker sitzendes Armband ein Stück den Arm hinauf. Dann schüttelte er seine Hand und seinen Unterarm vor und zurück, damit das Armband wieder auf das Handgelenk zurückrutschte. Es war nur eine ganz kleine Geste, aber er tat dies ständig. Er warf ein paar Bälle oder führte ein paar Schläge aus, danach schüttelte er die Hand und den Unterarm vor und zurück. Er lief schnell mit schwingenden Armen und danach rutschte das Armband wieder an seinen Platz.

Ich war mir nicht einmal bewusst, dass ich es mit dem Nachahmen übertrieb, doch meine Mutter merkte es sehr wohl. Eines Tages hielt sie es nicht mehr aus und sagte: „Warum schüttelst du ungefähr alle 30 Sekunden deinen Arm vor und zurück?" Ich imitierte eine Eigenart eines meiner Idole, obwohl ich gar kein Armband am Handgelenk trug! Ich glaube, meine Mutter begann, sich ernsthaft zu fragen, ob ich wohl therapeutische Hilfe nötig hatte.

Wir alle haben schon andere Menschen nachgeahmt – ob zum Guten oder zum Schlechten. Der Apostel Paulus war sich der Macht des Nachahmens

Wie kann ein Mensch
den Schöpfer des Universums nachahmen?

bewusst und verwendete sie in seiner Lehre. In seinem Brief an die Epheser wies er die Gläubigen an: „Nehmt Gott selbst zum Vorbild! Ihr seid doch seine geliebten Kinder" (Eph 5,1). Was genau hatte er wohl im Sinn, als er dies schrieb? Wie kann ein Mensch den Schöpfer des Universums nachahmen, der über alle Macht verfügt, alles weiß und überall und jederzeit präsent ist? Es scheint eine zu hohe Anforderung für so schwache Menschen wie Sie und mich zu sein, die wir Gottes Hilfe in jedem Augenblick unseres Lebens benötigen. Doch dieses Gebot steht eindeutig in der Bibel: „Ahmt Gott nach!"

Das besondere Herz Davids

Ich glaube, dass das Nachahmen Gottes neben dem Hören auf ihn eine weitere Qualität ist, die uns mit Gottes Zielen in Übereinstimmung bringt und noch mehr Raum für Segnungen schafft. Es gibt wohl niemanden im ganzen Alten Testament, der diese Wahrheit besser verdeutlichte als der König, den Gott „einen Mann, der ihm Freude machen wird" nannte (1 Sam 13,14). Davids Verhalten traf in mehr als einer Hinsicht genau ins Schwarze.

Das Leben des jungen David verlief wie die Fahrt auf einer Achterbahn, denn er hatte mit ständigen Anfeindungen zu kämpfen. Obwohl er den Philisterriesen Goliath erschlug, wurde er von König Saul nicht sehr lange geschätzt. Dieser würde vielmehr eifersüchtig, weil David beim Volk beliebter war als er selbst. Saul wurde völlig von seiner Eifersucht beherrscht und jagte David schließlich durch ganz Israel nach, um ihn zu töten. David war gezwungen, wie ein Vagabund zu leben, und war von seiner Frau, seinen Eltern und seinem besten Freund getrennt. Sein Leben wurde durch Sauls Eifersucht und sein Wunsch nach Rache zum Alptraum. Viele der Psalmen Davids entstanden während seiner verzweifelten Bemühungen, dem blutdürstigen König und seiner starken Armee zu entkommen.

Doch schließlich erfüllte sich Gottes Verheißung und David bestieg den Thron Israels (2 Sam 5,3–4). Er nahm Jerusalem ein und nannte sie Stadt Davids. Nach diesem Sieg führte er erfolgreiche Feldzüge gegen die Philister, die Moabiter und andere Feinde Israels. Davids Ruhm verbreitete sich überall und seine Königsherrschaft markiert eine glorreiche Periode der Geschichte des Volkes Israel.

Auf dem Gipfel seiner Macht gibt uns David einen flüchtigen Einblick in sein Herz, in dieses besondere Herz, das für Gott so wertvoll war.

Er ließ Ziba, einen Diener von König Saul, zu sich rufen und fragte: „Ist niemand mehr da vom Hause Sauls, dass ich Güte Gottes an ihm erweise?" (2 Sam 9,3). Davids königliche Berater und seine militärischen Anführer hielten wahrscheinlich den Atem an, als ihr König eine so unglaubliche Frage stellte. „Güte" und der Name „Saul" konnten nicht im gleichen Satz vorkommen! Saul hatte den Gesalbten des Herrn wie ein Wahnsinniger bekämpft. Er war voller Bosheit gewesen. Er hatte Versprechen gebrochen. Er hatte unschuldige Menschen mitleidlos zerstört. Das Einzige, was Sauls Familie verdiente, war Rache, nicht wahr? Wie unglaublich erschien es daher, dass David nach Möglichkeiten suchte, Angehörigen und Nachkommen seines Erzfeindes Gutes zu tun!

Lange vor der Einsetzung des Neuen Bundes erhielt David bereits das von Gott versprochene neue Herz und eine neue, veränderte Haltung.

Es ist offensichtlich, dass die Gnade und die außergewöhnliche Gunst, die David durch Gott erfahren hatte, sein Innerstes verändert hatten. Anstatt nach Rache zu dürsten und in seinem Herzen Vergeltung zu hegen, war Davids Herz von Gnade und Freundlichkeit erfüllt – genau den Eigenschaften, die Gott auch ihm erwiesen hatte. David wusste aus erster Hand, dass Gott ein Gott ist, der Menschen unverdienten Segen und unverdientes Wohlwollen schenkt – und wie sollte er selbst also anders handeln? Lange vor der Einsetzung des Neuen Bundes erhielt David bereits das von Gott versprochene neue Herz und eine neue, veränderte Haltung.

Eine ernste Angelegenheit

Ich frage mich, wie viele von uns ein verkümmertes, eingeengtes Leben führen, weil wir uns an erlittenes

Unheil und erfahrenes Unrecht klammern. Wie viele Krankheiten, schlaflose Nächte oder Angstattacken wurzeln in der Erinnerung an Zurückweisungen und schmerzliche Kränkungen, die uns vor vielen Jahren zugefügt wurden? Wenn wir nicht vergeben und diese Kränkungen loslassen, dann tun wir damit niemandem einen Gefallen. Wir bestrafen uns nur selbst, weil wir damit im Grunde unser Herz blockieren, das der Kanal für Gottes Gnade sein soll. Wie kann der Herr, der „voll Güte und Erbarmen" ist (Ps 25,6; Eph 2,4), ein Herz segnen, das mit Groll und Unversöhnlichkeit gefüllt ist? Das ist geistlich gesehen unmöglich, denn Gott kann sein Wesen nicht verleugnen. Gibt es einen ernsteren Vers im Neuen Testament als den Hinweis in Matthäus 6, Vers 15: „Wenn ihr aber den anderen nicht verzeiht, dann wird euer Vater euch eure Verfehlungen auch nicht vergeben"?

Es stimmt, dass Sauls Sohn Jonatan ein enger Freund Davids war. Doch dies ist nicht der eigentliche Grund für Davids Wunsch, der Familie Freundlichkeit zu zeigen. Hier ist etwas viel Tieferes vorhanden als der Wunsch, einem verstorbenen Freund Ehre zu erweisen. Beachten Sie, wie David seine Frage formuliert: „Ist niemand mehr da vom Hause Sauls, dass ich Güte Gottes an ihm erweise?" Es war Gottes Freundlichkeit, die in Davids Herz am Werk war und ihn dazu bewegte, mit Gnade und Freundlichkeit auf seine Feinde zuzugehen. David wollte nicht so mit seinen Feinden umgehen, wie sie es „verdienten", weil Gott auch ihn anders behandelt hatte.

Wenn wir wieder einmal davon überzeugt sind,

dass wir im Recht sind und dass man uns ungerecht behandelt hat, dann sollten wir uns an diese Geschichte erinnern. Wenn wir beim nächsten Mal sicher sind, dass bestimmte Leute Strafe verdienen und nicht mit ihren Fehlern „davonkommen" sollen, dann sollten wir still werden und uns fragen: *Hat Gott mich so behandelt?* Wenn Gott so auf unser Fehlverhalten reagieren würde, wie wir auf die Fehler der anderen reagieren, die uns verletzen, wo wären wir dann heute? Die Wahrheit lautet: Wir haben unzählige Male Gottes gnädige Vergebung erfahren, auf eine Art und Weise, die nur Gott bekannt ist. Und doch reagieren wir oft so heftig auf eine Person, die uns nur ein einziges Mal verletzt hat. Wir ereifern uns: „Das war nicht in Ordnung!" und nehmen den Missetäter in unsere kleine Liste derer auf, denen wir nicht verziehen haben. Wie verdreht ist unser Sinn für gerechten Zorn. Diese Haltung ist Welten vom Kreuz Christi, dem Ursprung unserer Errettung, entfernt.

Anstatt zugefügte Verletzungen mit uns herumzutragen, wären wir weit besser beraten, uns an die Verheißung Jesu zu erinnern: „Freuen dürfen sich alle, die barmherzig sind, denn Gott wird auch mit ihnen barmherzig sein" (Mt 5,7). Wenn ich auf mein bisheriges Leben zurückblicke, sehe ich überall nur Barmherzigkeit und Gnade, die alles andere übersteigen. Ich hoffe, dass Gott mir helfen wird, dieselbe Haltung gegenüber denen einzunehmen, die mich verletzen oder beleidigen.

Wie sich herausstellte, blieb Davids Wunsch, sich um die Nachkommen Sauls zu kümmern, nicht ohne

Folge. Es gab einen Überlebenden aus Sauls Familie, dem David Freundlichkeit und Barmherzigkeit erweisen konnte. Ziba teilte dem König mit, dass ein Sohn Jonatans namens Mephiboseth in Lo-Dabar lebte, und David sorgte dafür, dass dieser rasch nach Jerusalem gebracht wurde.

Überraschung!

Mephiboseth zitterte vermutlich vor Angst, als er den königlichen Palast betrat. *Was wird König David von mir wollen?*, wird er gedacht haben. *Theoretisch bin ich eine Bedrohung für ihn. Sollte sich das Volk erneut dem Haus Sauls zuwenden, wäre ich der rechtmäßige Erbe des Thrones von Israel. Vielleicht ließ David mich hierher bestellen, weil ich in der königlichen Linie stehe. Möglicherweise will er auch die geringste Bedrohung seiner Herrschaft beseitigen.* Doch Mephiboseth erwartete eine Überraschung. König David sprach ihm sofort beruhigend zu: „Hab keine Angst, ich bin dir wohlgesinnt, deinem Vater Jonatan zuliebe. Ich werde dir allen Landbesitz zurückgeben, der einst deinem Großvater Saul gehört hat. Und du darfst immer an meinem Tisch essen" (2 Sam 9,7). Anstatt sich für Zerstörung zu entscheiden, beschloss David zu segnen. Anstatt sich an Sauls Bösartigkeit zu erinnern, gab er dessen Enkel das ganze Land zurück, das seine Familie besessen hatte. Darüber hinaus ordnete David an, dass Ziba sowie dessen Söhne und Diener das Land für Mephiboseth bestellen sollten. Kein Wunder, dass David ein

Mann genannt wurde, „der Gott Freude macht"! Es machte ihm mehr Freude, anderen Barmherzigkeit zu erweisen, als sie für ihre Vergehen zu bestrafen.

Wir lesen weiter, dass „Mephiboseth seinen Wohnsitz in Jerusalem nahm und täglich an der Tafel des Königs wie einer der Königssöhne aß ... Er war an beiden Füßen gelähmt" (Vers 13). Das ist ein wundervolles Bild für das Handeln Gottes mit allen, die an seinen Sohn Jesus Christus glauben. Wir empfangen nicht nur Barmherzigkeit und Vergebung, sondern wir werden auch in die Gemeinschaft mit Gott berufen, gegen den wir gesündigt haben! Von jenem Tag an aß Mephiboseth jeden Tag an der Tafel des Königs, sodass sich David täglich um ihn kümmern und Mephiboseth täglich die Gegenwart des Königs genießen konnte. Wie unglaublich groß ist Gottes Freundlichkeit und wie gesegnet war David, der Gottes Vorbild folgte!

Heilung

Es ist interessant, wie der arme Mephiboseth zu seiner Behinderung kam. Er war nur fünf Jahre alt, als aus Jesreel die Nachricht eintraf, dass die Philister Israel besiegt hatten und dass Saul und Jonatan getötet worden waren. In panischer Angst „nahm seine Amme ihn auf, um mit ihm zu fliehen. Aber in der Eile ließ sie ihn fallen. Seiher war er gelähmt" (2 Sam 4,4). Mephiboseth war für den Rest seines Lebens behindert, weil er versehentlich fallen gelassen wurde. Er konnte nicht durchs Gelände wandern, für den Kampf trainieren oder sich in einer Menschenmenge behaupten. Er war auf das Mitleid und die Barmherzigkeit anderer angewiesen, um zu überleben. Doch Jahre später wurde ihm Ehre zuteil – weil Davids Herz von Gottes Freundlichkeit und Erbarmen erfüllt war.

Diese Details über Mephiboseth weisen uns auf einen weiteren wichtigen Aspekt hin, den wir beachten sollten. Viele Menschen handeln in einer bestimmten Weise, weil sie irgendwann versehentlich oder absichtlich „fallen gelassen" wurden. Ich sage das nicht, um ihr Fehlverhalten zu entschuldigen, aber wir sollten diese Möglichkeit bedenken, denn sie hat Auswirkungen auf den seelischen Zustand der Betroffenen. Nicht jeder hatte eine Familie, in der er geborgen war, und andere Vorteile, mit denen viele von uns beschenkt werden. Ich berate viele Menschen, deren Leben eher einem Horrorfilm ähnelt. Sie wurden verletzt, doch Gottes Freundlichkeit und Barmherzigkeit wirkt auch in ihre kaputten Lebensumstände hinein. Tatsächlich zieht es Gott zu Menschen hin, die tiefe Bedürfnisse haben. Er möchte sie heilen und jeden Schmutzfleck ihres Fehlverhaltens wegwaschen (Ps 51,7; Jes 1,18). Gott lädt sie ein, an seinem Tisch zu sitzen, obwohl sie noch immer ein „geistliches Humpeln" zeigen, das noch nicht geheilt wurde. Er ist immer bereit, den Menschen zu begegnen, egal, wo sie sich befinden und wie schlimm ihr Fehlverhalten gewesen sein mag. Steven Langella weiß dies nur allzu gut.

Fluchtversuch

Steven wurde in New York in eine typische Mittelschicht-Familie hineingeboren. Sein Vater war Hafenarbeiter und seine Mutter blieb zu Hause bei den Kindern. Es war eine traditionell katholische Familie und Steven besuchte meist Pfarrschulen und keine öffentliche Schulen. Steven war noch ein Kind, als es zwischen seinen Eltern immer häufiger zu Streitigkeiten kam. Seine Mutter begann eine Affäre mit einem ehemaligen Polizisten, der bei den Marines gewesen war und über 1,90 m groß war und rund 220 Pfund wog. Schließlich wurden seine Eltern geschieden und Stevens bis dahin normales und glückliches Leben kam zu einem abrupten Ende.

Im darauf folgenden Jahr nahm Stevens Mutter die Kinder mit sich und zog mit ihrem Freund nach Florida. Stevens Vater bemerkte nicht einmal, dass die Kinder nicht mehr da waren. In der kommenden Zeit erlebten die Kinder immer mehr Chaos und tiefen seelischen Schmerz. Die neue „Familie" zog in ein schäbiges kleines Haus, das sich sehr von ihrem ehemaligen Zuhause auf Staten Island unterschied. Dies war nur eine von vielen Veränderungen, mit denen Steven fertig werden musste.

Gott ist immer bereit, den Menschen zu begegnen,
egal, wo sie sich befinden und wie schlimm
ihr Fehlverhalten gewesen sein mag.

Stevens Stiefvater war ein harter Mann, der nur wenig Geduld mit ihm hatte. Jahrelang schlug er ihn regelmäßig, beschimpfte ihn und drohte, ihn von seiner Mutter zu trennen. Im Alter von elf Jahren kam Steven zum ersten Mal mit Pornografie in Berührung, als sein Bruder ihm ein Exemplar des *Playboy* zeigte. Damals wurde ein tödlicher Same gesät, der in den darauffolgenden Jahren schreckliche Früchte trug. Ich möchte Steven selbst erzählen lassen, was später passierte: „Als ich 17 Jahre alt war, beschloss ich, in die Armee einzutreten. Ich begann die Grundausbildung in Fort Gordon in Georgia. Ich fand schnell heraus, dass die Armee einige ernsthafte Probleme für mich bereithielt. All die Offiziere, denen ich unterstellt war, erinnerten mich an meinen Stiefvater. Ich geriet ständig in Schwierigkeiten und ich schaffte die Grundausbildung nur mit Mühe. Bei der Armee wurde ich mit noch mehr Pornografie konfrontiert und begann, Striptease-Clubs zu besuchen. Meine erste sexuelle Erfahrung machte ich mit einer Prostituierten. Ich war Mädchen gegenüber immer sehr schüchtern gewesen, und nun nahm ich Zuflucht zu Pornografie, zu Striptease-Clubs und zu Prostituierten. Ich fand dort Annahme, und ich hatte den Eindruck, dass man mir Zuneigung entgegenbrachte."

Als er 18 Jahre war, wurde Steven aus der Armee geworfen. In den folgenden sechs Jahren zog er im ganzen Land herum, lebte in verschiedenen Bundesstaaten und arbeitete als Barkeeper. Er blieb nie länger als einige Monate am selben Ort. Er hatte ein paar Freundinnen, doch nichts von Bedeutung. Er verstrickte sich immer tiefer in Pornografie und sexuelle Abenteuer. Schließlich nahm er einen Job als Matrose bei der Handelsmarine an und reiste um die ganze Welt. Dieser Lebensstil verschlimmerte seine Probleme und er schlug sein ganzes Geld für Partys und Prostituierte auf den Kopf.

Schließlich landete Steven in Brooklyn, wo er erneut als Barkeeper arbeitete. Einer seiner dortigen Freunde hatte sein Leben von Grund auf geändert, was Steven nicht entging.

„Paul war der größte Säufer der ganzen Gegend", erinnerte sich Steven. „Er begann ständig Schlägereien, und wenn es besonders schlecht lief, bedrohte er seine Gegner sogar mit einem Gewehr. Doch nun war er völlig verändert. Paul erzählte mir von der Liebe Jesu. Die Veränderung, die in ihm vorgegangen war, fiel so sehr auf und war so radikal, dass ich allein aus Neugier zustimmte, eines Sonntags mit ihm zur Gemeinde zu gehen. Während des Gottesdienstes wurde das Evangelium mit ganz einfachen Worten gepredigt. Der Redner sagte, Gott habe einen Plan für jeden Menschen, und es ginge um Himmel und Hölle beziehungsweise Leben und Tod, wenn man sich für oder gegen Christus entscheide. Ich wusste, dass mein Leben verpfuscht war und so setzte ich an jenem Sonntagmorgen mein Vertrauen auf Jesus Christus als meinen Herrn und Erlöser."

Steven begann schon bald, die *Brooklyn Tabernacle* zu besuchen, wo er als Saaldiener arbeitete und auch für andere Aufgaben verantwortlich war. Gott hatte sein Leben verändert und in den folgenden Jahren kamen durch sein Vorbild auch seine drei Schwestern zum Glauben an Jesus Christus. Doch der Kampf um seine Seele war noch lange nicht vorüber. Er geriet erneut in den Griff seiner Leidenschaften.

„Eines Abends schaute ich fern, als ein Werbespot eingespielt wurde, in dem eine attraktive, erotische Frau in Unterwäsche auf einem Sofa lag. ‚Hallo, ich heiße Amber', sagte sie. ‚Ruf mich einfach an und triff dich mit einigen meiner wunderschönen Freundinnen.' Sofort war die Versuchung wieder da. Ich gab ihr schließlich nach und rief die Nummer an, unter der man mir dann sagte, dass ich mit Frauen aus ganz New York zusammentreffen könnte. Schließlich sprach ich mit einer Frau, die ich später traf. Wir hatten Sex, aber danach fühlte ich mich schuldig und elend. Ich kehrte nach Hause zurück und fiel auf die Knie. Ich schluchzte unkontrolliert. Am darauf folgenden Sonntag bat ich Gott um Vergebung und versprach, dies nie wieder zu tun. Doch die Versuchung war sehr stark. Ein echter Kampf tobte in mir und bald griff ich wieder zum Telefon. Obwohl ich Gott so viele Versprechungen gemacht hatte und obwohl ich so viel darüber geweint hatte – ich konnte scheinbar dieser Art von Versuchung nicht widerstehen."

In den folgenden Jahren ging es mit Stevens geistlichem Leben bergauf und bergab. Einige Wochen und Monate schaffte er es, der Versuchung zu widerstehen, doch dann kam ein Rückfall. Er wurde schließlich müde und mutlos und versuchte, vor der Situation davonzulaufen. Er nahm erneut einen Job als Matrose bei der Handelsmarine an und landete auf einem Güterschiff 7 000 Meilen entfernt im Persischen Golf.

Steven Langella hatte sich selbst aufgegeben,
doch Gott hatte Steven Langella nicht aufgegeben.

Zu diesem Zeitpunkt schien sein innerer Kampf aussichtslos zu sein. Steven glaubte, er habe eine Grenze überschritten und Gott wäre mit ihm fertig – er dachte, Gott würde sich nicht länger um sein verpfuschtes Leben kümmern. Doch kurz darauf rief Steven die Worte Davids aus, der auch moralisches Versagen durchgemacht hatte: „Wohin kann ich gehen, um dir zu entrinnen, wohin fliehen, damit du mich nicht siehst? Steige ich hinauf in den Himmel – du bist da. Verstecke ich mich in der Totenwelt – dort bist du auch. Fliege ich dorthin, wo die Sonne aufgeht, oder zum Ende des Meeres, wo sie versinkt: Auch dort wird deine Hand nach mir greifen, auch dort lässt du mich nicht los" (Ps 139,7–10).

Steven Langella hatte sich selbst aufgegeben, doch Gott hatte Steven Langella nicht aufgegeben.

„Als ich eines Abends an Deck ging, um den Sonnenuntergang zu beobachten, saß ein anderer Matrose rauchend in der Nähe. Ich bemerkte beiläufig, dass dieser Sonnenuntergang besonders schön sei, und staunte über seine Antwort: ,Ja, das stimmt, aber es stört mich trotzdem, dass die Leute hier nicht an Jesus glauben. Ich weiß, dass mein Leben nicht in Ordnung ist, aber ich glaube, dass Jesus Christus die einzige Lösung ist. Eines Tages werde ich ihm mein Leben anvertrauen.'

Dieser Matrose, der sich wie ich auf einem Schiff der Handelsmarine mitten im Persischen Golf befand, erzählte mir von Jesus! Mit einem Mal bekam ich Gewissensbisse, die ich nicht wieder abschütteln konnte. Um zwei Uhr früh am nächsten Morgen wachte ich in völliger Dunkelheit aus dem Tiefschlaf auf. Ich war verwirrt und wusste nicht, wo ich war. Plötzlich überkam mich der Gedanke, ich wäre in der ewigen Finsternis fern von Gott. Ich begann, zu schreien und auf dem Boden zu kriechen. Dann stieß ich mit dem Kopf gegen ein Schott. In meiner Todesangst begann ich, zu weinen und Gott anzuflehen, er möge mich in Ruhe lassen. Doch Gott gab mich nicht auf. Stattdessen erinnerte er mich an seine Liebe und Barmherzigkeit. Er hätte mich längst loslassen können, doch er kümmerte sich noch immer voller Zärtlichkeit und Mitgefühl um mich."

Steven kehrte nach Brooklyn zurück und begann zu lernen, wie man ein siegreiches Glaubensleben führt. Er stützte sich nicht länger auf seine eigene Kraft oder seine persönlichen Vorsätze, sondern vertraute alle seine Probleme und sein ganzes Leben Gott an. Er entdeckte, dass Gott allein die verpfuschten

Bereiche im Leben eines Menschen heilen kann. Der Glaube an Jesus Christus ist der Sieg, der nicht nur die Welt, sondern auch jede einzelne in uns verwurzelte Sünde überwindet. Es spielt keine Rolle, wie weit wir uns von Gott entfernt haben oder wie gravierend unser Fehlverhalten war – Gottes Gnade ist in ihrer Kraft und in ihrem Ausmaß unbegrenzt.

Wenn Steven heute von seiner Befreiung erzählt, dann betont er ganz besonders Gottes anhaltende Liebe und Gnade. Er gehört nun zu den Menschen in unserer Gemeinde, die am meisten von Gottes Geist durchdrungen sind. Er ist nicht länger von Pornografie abhängig und Gott ist spürbar mit ihm. Wir sind gespannt, was die Zukunft mit Christus noch für ihn bereithält.

Der einzige Ausweg

Auch wenn unsere Lebensgeschichten unterschiedlich sind, kommen wir nicht alle letztlich aus der gleichen Sündengrube, aus der Steven gerettet wurde? Gibt es heute jemanden unter uns, der sich nicht mit den Worten des Apostel Paulus identifizieren kann? „Wir wollen nicht vergessen, dass wir selbst früher unverständig und ungehorsam waren. Wir waren vom rechten Weg abgeirrt und wurden von allen möglichen Wünschen und Leidenschaften beherrscht. Wir lebten in Bosheit und Neid, waren hassenswert und hassten uns gegenseitig. Aber dann erschien die Freundlichkeit und Menschenliebe Gottes, unseres Retters. Wir selbst hatten nichts vorzuweisen, doch Gott hatte Erbarmen mit uns" (Tit 3,3–5). Egal, wie unsere persönliche Geschichte aussieht, wir können alle den folgenden Text aus Gottes Wort wie ein gemeinsames Bekenntnis sprechen: „Durch Gottes Güte sind wir noch am Leben, denn seine Liebe hört niemals auf; jeden Morgen ist sie neu wieder da, und seine Treue ist unfassbar groß" (Klgl 3,22–23).

Es ist für jeden Menschen wichtig zu verstehen, dass Gottes Herz voller Liebe und Barmherzigkeit ist, denn dies ist die Grundlage unserer Erlösung durch Jesus Christus. Aber es geht noch weiter: Gottes Erbarmen ist „jeden Morgen neu wieder da". Nach unserem Neuanfang mit Jesus Christus dürfen und müssen wir Gottes Freundlichkeit und Barmherzigkeit jeden Tag neu ergreifen, sonst werden sich schon bald Probleme ergeben. Wir brauchen seine Gnade jeden Tag, um ein Leben zu führen, das vor Gott bestehen kann.

Nach unserem Neuanfang mit Jesus Christus dürfen und müssen wir Gottes Freundlichkeit und Barmherzigkeit jeden Tag neu ergreifen, sonst werden sich schon bald Probleme ergeben.

Denken Sie noch einmal einen Moment über das massive Eindringen von Pornografie in die christliche Gemeinde nach, insbesondere innerhalb der pastoralen Dienste. Der Kampf, den Steven Langella kämpfte, ist ein Kampf, den auch viele andere Menschen kämpfen. Bei dem Versuch, Fehlverhalten zu bekämpfen, schüren viele Prediger die Emotionen und bewegen die Menschen dazu, neue, ernsthaftere Gelöbnisse und Versprechen bezüglich einer Änderung ihres Lebens zu machen. Doch genau wie Steven, der sich so sehr darum bemühte, sein Verhalten aus eigener Kraft zu verändern, und immer wieder den Kampf verlor und entmutigt wurde, geht es vielen Christen an allen Orten: Sie unterliegen in diesem Kampf und leben mit versteckten Schamgefühlen und hoffnungsloser Verzweiflung.

Wir müssen erkennen, dass unsere eigene Anstrengung im täglichen Kampf gegen tief verwurzelte fehlerhafte Gewohnheiten nichts fruchten wird. Es gibt nur einen Ausweg, und der kommt von Gott.

Gott hat versprochen, uns mit unserer Verwirrung und Schwäche nicht allein zu lassen. Er bietet uns seine Antwort an, die einzige Antwort: „Die rettende Liebe Gottes ist offenbar geworden. Sie gilt allen Menschen, und sie hält uns an zu einem Leben, das ihrer würdig ist. Wir haben uns doch losgesagt von jedem Ungehorsam gegen Gott und von unseren selbstsüchtigen Wünschen, damit wir nun mitten in dieser Welt ein Leben führen in Selbstbeherrschung, in Liebe zu den Menschen und in Ehrfurcht vor Gott" (Tit 2,11–12).

Bedenken Sie, dass allein Gottes Gnade uns die Kraft geben kann, wirklich und erfolgreich Nein zum Bösen zu sagen. All unsere menschlichen Vorsätze und all die in guter Absicht gemachten Versprechen sind völlig kraftlos angesichts der Macht unserer fehlerhaften Wünsche und unseres Begehrens. Allein Gottes Geist kann so in uns wirken, dass „seine Gnade bei euch ihr Ziel erreicht" (Phil 2,13). Nur so können wir täglich die Dinge besiegen, die uns von allen Seiten bedrängen.

Gottes Herz voller Barmherzigkeit bietet uns also nicht nur Vergebung, sondern auch die geistliche Nahrung, die wir täglich nötig haben und die uns stark macht. So wie der gehbehinderte Mephiboseth täglich an König Davids Tisch saß, sollten auch wir unseren Platz einnehmen und Gottes Gnade und seinen Segen, die er bereithält, für uns in Anspruch nehmen. In der Gegenwart des souveränen, ewigen Königs können wir „immer, wenn wir Hilfe brauchen, Liebe und Erbarmen finden" (Hebr 4,16).

Vater, wir bringen all unsere Fehler in Jesu Namen vor dich. Wir haben so oft und so intensiv versucht, uns zu ändern. Doch unsere Probleme sind zu groß, wir können damit einfach nicht alleine fertig werden. Heute lassen wir diese Bemühungen los und liefern uns vollständig deiner Liebe und Barmherzigkeit aus. Reinige und verändere uns von innen heraus. Lehre uns, deinem Vorbild zu folgen – wie du ein Herz voller Freundlichkeit und Gnade zu erlangen. Lehre uns, jeden Tag mit deinem Geist zu leben, sodass wir deine Kraft und deinen Sieg erfahren. Wir wollen in deiner Barmherzigkeit und Treue ruhen. Amen.

Wenn Segen zum Fluch wird

Als ich noch ein kleiner Junge war, gab es eine sehr beliebte Fernsehshow mit dem Titel *The Millionaire*. Jede Woche wurde eine neue fiktive Handlung präsentiert, in deren Verlauf der gleiche anonyme Geber eine Person wahllos aussuchte, die jeweils eine Million Dollar erhielt. Die Zuschauer erfuhren dann, welche unglaublichen Veränderungen dieses unerwartete, riesige Geschenk im Leben des Empfängers und im unmittelbaren Umfeld dieser Person auslösten.

Nun würde man meinen, dass für den Empfänger alles ganz hervorragend lief, doch das war nicht immer der Fall. Häufig wurden die Empfänger durch das Geschenk negativ verändert und wurden zu unangenehmen Persönlichkeiten – was eine faszinierende Geschichte fürs Fernsehen ergab, aber letztlich eine traurige Realität ausdrückte.

Im wirklichen Leben gibt es zahllose Beispiele dafür, dass das Gleiche geschieht. Jemand gewinnt im Lotto und verfügt plötzlich über ein Vermögen von mehreren Millionen Dollar. Ein Sportler trainiert hart und wird zum Superstar. Geld, Berühmtheit und die ständige Präsenz in den Medien machen ihn fast zu einer Ein-Mann-Industrie. In beiden Fällen ist das Ende der Geschichte nicht unbedingt positiv. Wir erfahren oft, dass scheinbar außerordentlich großes Glück seltsamerweise rasch in eine menschliche Tragödie münden kann.

Vielversprechende Anfänge

Die Bibel ist voller Begebenheiten, die noch viel eigenartiger sind als im Fernsehen oder in der Zeitung dargestellte Ereignisse. Sie zeigen uns, dass Gottes tollste Segnungen für sein Volk zum Teil unerwartete und tragische Folgen nach sich zogen.

Im ersten Kapitel haben wir uns mit der Geschichte von Amazja beschäftigt – dem Mann, der nicht auf Gott hören wollte. Nach seiner Ermordung kam sein 16 Jahre alter Sohn Usija auf den Thron. Viele Exegeten glauben, dass Usija auch in den letzten Lebensjahren seines Götzen anbetenden Vaters bereits König war.

Menschen, die Reichtum oder Berühmtheit erlangen, haben scheinbar eine glänzende Zukunft vor sich, und so begann auch Usijas Herrschaft erfolgreich und vielversprechend. Ein langer, ununterbrochener Siegeszug und Verbesserungen im Inneren seines Landes machten ihn bis nach Ägypten hin bekannt. Er eroberte die wichtige Stadt Elath in Südjuda zurück und baute sie wieder auf, wodurch die Handelsmöglichkeiten für das Land Juda verbessert wurden. Usija organisierte erfolgreiche Militärzüge gegen die Philister, die Araber und die Meuniter. Selbst die mächtigen Ammoniter wurden gezwungen, Usija Tribut zu zahlen.

Doch Usija war mit diesen Erfolgen noch nicht zufrieden. Er veranlasste Ausbau und Umstrukturierung seines Heers, um es noch effizienter zu machen. Mit Hilfe einfallsreicher Männer erfand er neue Kriegsmaschinen (vermutlich eine Art Katapult), die Pfeile und Steine mit größerer Kraft und Genauigkeit in die gegnerischen Reihen schleudern konnten. Außerdem befestigte er strategische Städte und machte Juda zu einem beinahe uneinnehmbaren Land.

Doch Usija war mehr als nur ein Militärführer. Er überwachte das riesige Unternehmen der Viehherden und der Landwirtschaft, das unter seiner Herrschaft blühte. „Er … ließ viele Zisternen anlegen, weil er im Hügelland und auf der Hochebene große Viehherden besaß. Außerdem beschäftigte er in den Bergen und in der fruchtbaren Niederung viele Landarbeiter und Weinbauern, weil er viel von der Landwirtschaft hielt" (2 Chr 26,10). Felder und Weingärten, Hochebenen und fruchtbare Niederungen profitierten von seinen fortschrittlichen Programmen und von seiner Liebe zur Landwirtschaft. Usija war kein engstirniger Mann. Er war bekannt für seine vielfältigen Interessen und seine ungewöhnliche Intelligenz.

Wie lautet das Geheimnis?

Kennen Sie das Geheimnis, das sich hinter Usijas Fähigkeit, bei allen Unternehmungen Erfolg zu haben, verbirgt? Die Bibel nennt den genauen und sehr einfachen Grund für Usijas Erfolg: „Gott stand ihm bei" (2 Chr 26,7). Einige Verse weiter heißt es mit noch mehr Nachdruck: „Gott half ihm auf wunderbare Weise" (Vers 15).

Solange Usija dem Herrn gehorsam war,
schenkte der Herr ihm Erfolg.

Das Wort „helfen" kommt von dem hebräischen Wort für „umgeben". Welche Herausforderungen und Kämpfe Usija auch zu bestehen hatte, Gott umgab ihn mit einer Mauer von Segnungen. Egal, von welcher Seite man versuchte, Juda anzugreifen, egal, welche Schwierigkeiten auftraten – Gott war da, um diesem außergewöhnlichen König zu helfen. Wer Usija angreifen wollte, musste es zuerst mit Gott aufnehmen!

Gottes Segen war das Geheimnis, auf dem der Erfolg Usijas ruhte. Gab es denn einen Grund dafür, dass Gott ihm so ungewöhnlich günstig gesonnen war? Die Bibel lässt uns ganz klar wissen, dass die Ereignisse, die zu Usijas Erfolg führten, keine „Unfälle" oder „Schicksal" waren – so etwas gibt es im geistlichen Bereich nicht! Sie waren vielmehr das Ergebnis von Usijas Verhalten: „Solange Secharja lebte, war Usija bestrebt, Gott zu gehorchen, denn Secharja hielt ihn dazu an, sich Gott stets vor Augen zu halten. Und solange er dem Herrn gehorsam war, gab der Herr ihm Erfolg" (2 Chr 26,5).

Das hebräische Wort, das mit „Erfolg haben" übersetzt wird, bedeutet eigentlich „vorantreiben". Solange der König demütig Gottes Leitung und Schutz suchte, wurde er von dem Allmächtigen „vorangetrieben", umgeben, unterstützt und gesegnet. Wer wäre nicht gern Gegenstand dieser Zuneigung von oben?

Achten Sie auf die Zeit, in der Usija Gott gehorchte und diese göttliche Gunst genoss: „Solange Secharja lebte …; denn dieser hielt ihn dazu an, sich Gott stets vor Augen zu halten." Es handelt sich hier nicht um den Propheten, dessen Buch zu den „Kleinen Propheten" in unserer Bibel zählt. Es war ein anderer Diener Gottes, der ebenfalls mit dem Himmel und den unsichtbaren Dingen des Geistes in Berührung war. Secharjas Einfluss und Freundschaft waren für Usija wichtig, denn dieser Prophet hielt ihn dazu an, Gottes Willen zu suchen, was wiederum dazu führte, dass alle Unternehmungen des Königs erfolgreich waren.

Wir brauchen „Secharjas"

Es ist ein großer Segen, wenn wir einen Secharja in unserem Leben haben! Vielleicht haben Sie einen vom Heiligen Geist erfüllten Freund, der Sie immer wieder an Gottes Größe und seine Verheißungen erinnert? Kennen Sie jemanden, der in Ihnen einen geistlichen Hunger hervorruft, Gott besser kennen zu lernen? Wir alle brauchen mehr als höfliche Bekanntschaften und Freunde, die unsere Interessen teilen. In unserer Zeit brauchen wir dringend Secharjas – Menschen, die uns dazu ermutigen und inspirieren, Gottes Nähe zu suchen und uns von den lockenden Zerstreuungen dieser Welt wegzubewegen.

Wir brauchen dringend Secharjas –
Menschen, die uns dazu ermutigen und inspirieren,
näher zu Gott hinzugelangen.

Ich bin dankbar dafür, dass es in meinem Leben Secharjas gibt. Ich telefoniere rund einmal pro Woche mit einem meiner Pastoren-Freunde, der in einem anderen Teil des Landes wohnt. Unser Familienfoto steht vor ihm auf dem Schreibtisch und er betet täglich für uns. Jedes Mal, wenn ich nach unserem Gespräch den Hörer auflege, habe ich den Wunsch, die Bibel noch intensiver zu studieren, näher bei Gott zu sein und noch mehr Menschen für Christus zu erreichen. Häufig gebraucht Gott die Worte einer anderen Person, um mich zu segnen und sogar um Antworten für Situationen bereitzuhalten, mit denen ich konfrontiert werde.

Versteck spielen?

Wenn wir über Usijas Suche nach Gott nachdenken und darüber, dass diese Suche Gottes Segen nach sich zog, dann sollten wir uns einmal genauer ansehen, was diese bekannte Formulierung eigentlich bedeutet. Spielte Gott etwa Verstecken mit Usija? Musste Usija Gott deshalb suchen? Versuchte Gott ihm aus dem Weg zu gehen? Was meinte Gott, als er durch den Propheten Jeremia ausrichten ließ: „Ihr müsst mich mit ganzem Herzen suchen, dann lasse ich mich von euch finden" (Jer 29,13)?

„Gott suchen" ist kein Begriff, der sich auf das Alte Testament beschränkt. Diese Suche steht vielmehr im Zentrum jeder wahren Beziehung zu dem Allmächtigen: „Wer zu Gott kommen will, muss sich darauf verlassen, dass Gott lebt und *die belohnt, die ihn suchen*" (Hebr 11,6). Es geht hier nicht darum, ob Sie eine Gemeinde besuchen oder wie viele Bibelverse Sie kennen. Diese Dinge sind zwar wichtig, doch sie machen uns nicht unbedingt zu Menschen, die Gott suchen. Auch die Kategorisierungen „Baptisten", „Presbyterianer", „Fundamentalisten", „Evangelikale" oder „Charismatiker" sind nicht entscheidend für unsere Suche nach Gott. Gott interessiert sich nicht dafür, wie viele Gemeinden sucher-orientierte Gottesdienste anbieten, sondern wie viele wirklich suchende Gemeinden es gibt und wie viele Menschen suchende Herzen haben wie der junge König Usija.

Unter Secharjas göttlichem Einfluss tat Usija zwei Dinge, die von entscheidender Bedeutung sind. Erstens: Er suchte die Hilfe des allmächtigen Gottes. Der König war sich seiner Schwäche und seiner Unfähigkeit, Juda aus eigener Kraft zu regieren, bewusst. Er wusste, dass er Gottes direkte Unterstützung brauchte. Diese demütige Überzeugung steht im Mittelpunkt jedes echten Gebets und motiviert uns dazu, viel Zeit in Gottes Gegenwart zu verbringen. Der mit „suchen" übersetzte Begriff in 2. Chronik, Kapitel 26, Vers 5 bedeutet eigentlich, einen bestimmten Platz „häufig aufzusuchen". Manchmal wird der Begriff auch mit „fragen" oder „verlangen" übersetzt. Usija muss viel Zeit mit Gott verbracht haben, da sein weiches Herz keine andere Hilfsquelle kannte. Auch wir sollten seinem Beispiel folgen und täglich beten: „Herr, ich brauche deine Hilfe. Ich komme ohne dich nicht zurecht."

Als Usija Gott suchte, ging es ihm nicht nur um Gottes Hilfe, sondern auch um seine Anerkennung. Dieser Teil der Suche zog in den Tagen Secharjas so viel Segen für Usija nach sich. Viele Menschen laufen in die Kirche oder beten, wenn sie Probleme haben, doch sie verschwenden vermutlich keinen Gedanken daran, ein Leben zu führen, das Gott gefällt – herauszufinden, was ihm Freude macht! Für solche Menschen ist Gott ein „bewährter Helfer in der Not" (Ps 46,1). Doch sobald eine Krise überstanden ist, vergessen sie ihn wieder. Die echte Suche nach Gott bedeutet, dass man in Gottes Wort forscht, um herauszufinden, was ihm Freude macht. Usija machte sich nicht so viele Gedanken darüber, was andere Leute glücklich machte. Genau wie David kümmerte er sich viel mehr darum, dass „die Reden meines Mundes und das Sinnen meines Herzens wohlgefällig sind vor dir, Herr …" (Ps 19,14). „Er tat, was dem Herrn gefiel" (2 Chr 26,4). Usijas demütiges Herz war nicht darauf erpicht, seinen eigenen Vorteil zu suchen, sondern er wollte Gott gefallen – und aus diesem Grund segnete ihn dieser.

Unerwartete Ergebnisse

Welche Rolle spielt es am Ende unseres Lebens, wie bekannt und beliebt wir waren? Wir werden alle vor Gott stehen und nur seine Beurteilung ist dann von Bedeutung. Aus diesem Grunde lesen wir wiederholt in den Büchern der Könige und Chroniken, dass die Könige taten, „was dem Herrn missfällt bzw. gefällt". Was andere Menschen darüber dachten oder wie andere Länder und Völker das Handeln beurteilten, war völlig bedeutungslos. Das Urteil des allmächtigen Gottes bestimmte die Geschichte der einzelnen Könige.

Die Suche nach Gott umfasst zwei grundlegende Aspekte. Sie erfordert nicht nur die Demut zu sagen: „Gott, ich brauche dich", sondern auch ein Herz, das sich danach sehnt, so zu leben, wie es Gott gefällt. Solange König Usija Gott in dieser doppelten Bedeutung suchte, konnte er von nichts und niemandem zu Fall gebracht werden.

Es wäre schön, wenn die Geschichte Usijas hier enden würde. Doch die Bibel ist ein ehrliches Buch. Usijas Leben machte mit einem Mal eine negative Kehrtwende und der Grund dafür ist erstaunlich:

> „Weil Gott ihm auf wunderbare Weise half, wurde Usija immer mächtiger, und sein Ruhm drang bis in ferne Länder. Als er aber mächtig geworden war, wurde er überheblich und verging sich gegen den Herrn, seinen Gott, sich selbst zum Schaden. Er ging in den Tempel, um selbst auf dem Räucheraltar Weihrauch zu verbrennen" (2 Chr 26,15–16).

Usija wurde stolz und daher stand er nicht länger in Gottes Gunst. In seiner Arroganz dachte er, er könnte alles tun, was er wollte – sogar die Rolle der Priester an sich reißen. Doch nur die Priester waren von Gott ermächtigt, das Heiligtum zu betreten und auf dem goldenen Altar Weihrauch zu verbrennen.

Es entbehrt nicht einer gewissen Ironie, dass das, was Usija stolz machte, gerade die Segnungen Gottes waren! Usija wurde so intensiv von Gott unterstützt, dass er außerordentlich mächtig wurde. Er befehligte eine riesige Armee. Er besaß Weinberge und Ackerland, zahllose Schaf- und Viehherden, und er verfügte über geschickte Männer, die ihm bei der Verwaltung all dieser Bereiche halfen. Sein Ruhm hatte sich überall ausgebreitet. Doch statt für all diese Segnungen demütig und dankbar zu sein, die Gott ihm gewährte, begann Usija zu glauben, er alleine sei für den Erfolg verantwortlich. Der König von Juda verlor den Blick für die Realität. Macht und Erfolg stiegen ihm zu Kopf. Er begann zu glauben, dass seine Talente und seine Herrschaft zu den genannten Erfolgen geführt hatten.

Wie immer kam auch hier der Hochmut vor dem Fall.

Eine deutliche Warnung

Usijas Geschichte ist eine Warnung an uns alle. Ich habe schon oft eine ähnliche Entwicklung beobachtet. Ein junges Paar lebt demütig mit Gott und sucht ihn von ganzem Herzen. Sie können es sich finanziell nicht leisten, an ihrem Hochzeitstag eine große Feier zu veranstalten, doch sie sind von dem Frieden und der Freude Christi erfüllt. Sie bringen alles, was sie bewegt, im Gebet vor Gott: „Herr, wir brauchen dich. Wir möchten so sehr, dass dein Wille in unserem Leben geschieht. Bitte hilf uns. Wir wissen, dass alle guten Gaben von dir kommen."

Im Laufe der Zeit füllt Gott in seiner Gnade ihr Leben mit vielen guten Dingen. Doch sie lassen sich so sehr von den Gaben in Anspruch nehmen, dass sie den Blick für den Geber verlieren. Ihr Herz, das immer für Gott offen war, verschließt sich ihm. Sie haben keine Zeit mehr für Gott. Sie sind mit sich selbst beschäftigt und verlieren die Beziehung zu Gott aus den Augen.

Segnungen können uns demütig stimmen und näher zu Gott ziehen. Sie können aber auch dazu führen, dass wir stolz und selbstgenügsam werden.

Alles hängt davon ab, wie wir auf Gottes Segnungen reagieren. Sie können uns demütig stimmen und näher zu Gott ziehen. Sie können aber auch dazu führen, dass wir stolz und selbstgenügsam werden.

Wenn man sich die Kirchengeschichte anschaut, erkennt man den stets wiederkehrenden Kreislauf von Demut – Gebet – Segnung – Stolz – Fall. Dieses Schema wiederholt sich ständig. Pastoren, Kirchen und Gemeinden fangen bescheiden an und strecken sich intensiv nach Gott und seinem Segen aus. Doch einige Jahre später werden die Segnungen Gottes zu Stolpersteinen, die vom göttlichen, vom Heiligen Geist geführten Weg, auf dem sie die ersten Schritte getan haben, wegführen.

Gott wusste von Anfang an, dass Segnungen zum Fluch werden können. Deshalb ließ er den Israeliten durch Mose vor der Ankunft im Land Kanaan folgende Warnung zukommen:

„Aber vergesst nicht den Herrn, euren Gott. Missachtet nicht seine Weisungen, Gebote und Rechtsbestimmungen, die ich euch heute verkünde. Werdet nicht übermütig, wenn es euch gut geht, wenn ihr genug zu essen habt und in schönen Häusern wohnt, wenn eure Viehherden wachsen, euer Gold und Silber und all eurer Besitz sich vermehrt. Vergesst dann nicht den Herrn, euren Gott! Er hat euch aus Ägypten, wo ihr Sklaven gewesen seid, herausgeführt … Lasst euch nicht einfallen zu sagen: ‚Das alles haben wir uns selbst zu verdanken. Mit unserer Hände Arbeit haben wir diesen Wohlstand geschaffen.‘ Seid euch vielmehr bewusst, dass der Herr, euer Gott, euch die Kraft gab, mit der ihr dies alles erreicht habt. Und er hat es getan, weil er zu den Zusagen steht, die er euren Vorfahren gegeben hat, wie ihr das heute sehen könnt" (Dtn 8,11–14.17–18).

Stellen Sie sich das einmal vor: Die segensreichen Antworten auf unsere Gebete können dazu führen, dass unser Herz stolz wird und aufhört, demütig den Herrn zu suchen.

Die Gefahr, dass jemand in Stolz verfällt, nachdem er Gottes Segen erfahren hat, bestand bereits vor den warnenden Worten Moses an die Israeliten. Schon vor der Erschaffung der Welt nahm sie ihren Anfang: Luzifer war der schönste der von Gott geschaffenen Engelwesen (Ez 28), doch gerade diese Schönheit – ein besonderes Geschenk Gottes – führte dazu, dass sich sein Herz gegen Gott erhob. Es gab keinen Satan, der ihn in Versuchung führen konnte. Seine rebellische Haltung gegenüber Gott war der Grund dafür, dass er aus dem Himmel hinabgestoßen wurde. Erst dann wurde er zum Satan, dem Widersacher.

Es ist kein Wunder, dass „Gott sich den Überheblichen widersetzt, aber denen, die gering von sich denken, seine Liebe zuwendet" (Jak 4,6). Hochmut erinnert Gott an das schwere Vergehen, das den Himmel erschüttert und eine Rebellion ausgelöst hat. Die Bibel sagt an keiner Stelle, dass sich Gott einem Trinker, einem Dieb oder gar einem Mörder widersetzt, aber er widersteht den Überheblichen. Jedes Fehlverhalten kann bereinigt und vergeben werden, wenn wir uns demütigen und Gott unsere Schuld bekennen. Doch der Stolz ist teuflischer Natur – er hindert uns daran zu erkennen, wie sehr wir auf Gottes Gnade angewiesen sind.

Usija sündigte gegen Gott, als er begann, seinen Erfolg auf eigene Leistungen zurückzuführen, und dies „verdarb" sein Herz. Doch in der Folge erlebte er eine weitere biblische Wahrheit: „Er demütigt alle, die sich überheben" (Dan 4,37).

Doch der Stolz ist teuflischer Natur –
er hindert uns daran zu erkennen,
wie sehr wir auf Gottes Gnade angewiesen sind.

Konsequenzen

Als Usija den Fehler beging, den Tempel zu betreten, um Gott Weihrauch zu opfern – was Gott ausdrücklich verboten hatte –, stellten sich ihm mutige Priester in den Weg. Sie konfrontierten ihn und sagten: „Usija, es steht dir nicht zu, dem Herrn Weihrauchopfer darzubringen … Verlass das Heiligtum, denn du hast dich gegen den Herrn, deinen Gott, vergangen. Damit kannst du bei ihm keinen Ruhm gewinnen" (2 Chr 26,18). Doch ein stolzes Herz nimmt selten Korrektur an. Schließlich war er *König Usija* – ein vorbildlicher Bauherr, Händler, Organisator und Eroberer, dessen Ruhm bis in ferne Länder reichte. Niemand hatte ihm vorzuschreiben, was er zu tun hatte!

Doch da irrte er: „Gerade als Usija den Priester anfahren wollte, brach auf seiner Stirn Aussatz hervor" (Vers 19). Die Priester beeilten sich, Usija aus dem Tempel zu treiben, aber es war schon zu spät. Usija litt für den Rest seines Lebens an Lepra. Viele Jahre lang war er gezwungen, von der Gesellschaft, dem Gottesdienst im Tempel und seiner Familie getrennt zu leben. Sogar sein Tod war erbärmlich. Trotz all seiner Leistungen und Errungenschaften konnte er nicht mit den übrigen Königen in der königlichen Grabstätte beigesetzt werden. Die letzten Worte, die über ihn berichtet werden, lauten: „Er hatte Aussatz" (Vers 23). Der König, dessen Leben so wundervoll begonnen hatte, verlor am Ende die Gunst Gottes – sein Niedergang diente als Warnung für ganz Juda. König David hatte schon Hunderte von Jahren zuvor geschrieben: „Gott thront in höchster Höhe, und trotzdem sieht er die Niedrigen, und den Stolzen erkennt er aus der Ferne" (Ps 138,6). Gott ist in der Lage, klar zwischen einem stolzen Geist und einem demütigen Herzen zu unterscheiden.

Ein gewaltiger Eindruck

Ich war etwa sieben Jahre alt, als ein ungewöhnlicher Prediger während des in der Mitte der Woche stattfindenden Gottesdienstes der kleinen Gemeinde, die meine Eltern besuchten, einen Vortrag hielt. Er hieß Howard Goss, und ich werde niemals vergessen, welchen Eindruck er bei mir hinterließ. Er war ein sehr großer Mann mit einer Glatze und Händen so groß wie Baseballhandschuhe. Bis zu diesem Zeitpunkt hatte ich Predigern keine große Beachtung geschenkt, doch dieser Mann fesselte mein Interesse. Dieser große, sanfte Mann strahlte etwas aus, das ich nie zuvor gespürt hatte.

Howard Goss war niemand, der pathetisch und schwärmerisch herumredete, bevor er auf den Punkt kam. Er versuchte auch nicht, die Gefühle anzusprechen, während er Gottes Wort auslegte. Er erklärte auf einfache und natürliche Weise die biblischen Wahrheiten. Doch er vermittelte zugleich einen ungewöhnlichen Einblick in die Segnungen Gottes – etwas, das ich in meinem späteren Leben zunehmend schätzen lernte.

Als ich etwa sechs Jahre als Pastor tätig war, besuchte ich Manila auf den Philippinen, um in einer großen Gemeinde zu predigen, die den Jahrestag ihrer Gründung feierte. Als ich mich vor dem Gottesdienst im Arbeitszimmer des Pastors umsah, bemerkte ich ein Buch, das viele Jahre zuvor von Howard Goss geschrieben worden war. Er war inzwischen gestorben, doch der Eindruck, den er in meiner Jugend bei mir hinterlassen hatte, war noch lebendig.

Der Pastor der Gemeinde bemerkte, welches Buch ich da durchblätterte, und sagte plötzlich: „Wissen Sie, sein Sohn besucht diese Gemeinde."

„Was, hier in Manila?", fragte ich.

„Ja, er lebte viele Jahre lang weit weg von Gott, durchlebte eine Scheidung und landete schließlich auf den Philippinen. Er ist nun mit einer philippinischen Frau verheiratet und seine beiden Söhne begleiten ihn regelmäßig zur Gemeinde."

Es war noch reichlich Zeit bis zum Beginn des Gottesdienstes, daher fragte ich ihn, ob ich mit diesem Mann sprechen könnte. Nach einigen Minuten kam ein großer, schwerfälliger Mann in mittleren Jahren herein – das Ebenbild seines Vaters mit dem großen, kahl werdenden Kopf und den riesigen Händen. Ich war verblüfft über eine derart frappierende Ähnlichkeit.

Wir setzten uns und unterhielten uns, und ich erklärte ihm, wie sehr ich mich für seinen Vater interessierte. Er erzählte von dem Tag, als sein Vater zum Glauben gekommen war, von seinem langjährigen Pastorendienst und einer wundervollen Ehe. Dann vertraute er mir noch mehr an: „Obwohl ich mich von Gott entfernte, konnte ich mich den Gebeten meiner Eltern nicht entziehen. Je weiter ich vom rechten Weg abkam, desto intensiver beteten sie für mich. Vater war ständig damit beschäftigt, Gottes Gegenwart zu suchen. Ich sah ihn oft in seinem Arbeitszimmer auf den Knien. Er hatte eine so enge Beziehung zu Gott, dass ich es nicht ertragen konnte, mit ihm zusammen zu sein, während ich so weit weg von Gott lebte. Eines Abends beteten meine Eltern lange für mich und warteten, bis ich von meiner Sauftour zurückkehrte.

‚Mein Sohn, du wirst zu Gott zurückfinden!‘, riefen sie mir entgegen. ‚Gott hat uns heute während unserer Gebete klar gemacht, dass dies nur noch eine Frage der Zeit ist. Halleluja!‘ Und sie hatten wie immer Recht. Ich war lange auf der Flucht, doch Gott ließ nicht locker, und eines Tages kehrte ich zu ihm zurück. Vor vielen Jahren vertraute ich Gott mein Leben neu an und meine beiden Söhne sind echte Nachfolger Jesu. Ich wünschte nur, mein Vater hätte noch mit eigenen Augen die Beantwortung seiner Gebete erleben können.

Wissen Sie, mein Vater lebte wirklich mit Gott. Er war so anders als die meisten Pastoren, die ich im Laufe meiner Kindheit erlebt habe. Er war im Kreis seiner Gemeinden recht berühmt, und jeder wollte mit ihm sprechen, besonders während der großen

Sommerlager. Er konnte gut schreiben und er war für viele Prediger und Gemeinden ein geistliches Vorbild. Doch diese große Beliebtheit und der viele Beifall, all die Einladungen und Komplimente haben ihn nie beeindruckt, sie haben ihn nur in seiner Demut vor Gott bestärkt.

Ich werde nie ein großes Treffen in Kanada vergessen. Damals war ich noch ein Kind. Alle berühmten Redner waren eingeladen worden und die Menge der Teilnehmer war ungeheuer groß. Unsere Familie kam schon einen Tag vor Beginn der Veranstaltungen an und die Leiter des Lagers legten das Programm für die Redner fest. Den ganzen Tag über waren Versammlungen vorgesehen – am Morgen, am Nachmittag und am Abend –, und die eingeladenen Prediger wollten alle bei den Abendveranstaltungen sprechen, wenn mit der größten Zuhörerschaft zu rechnen war. Die Prediger versuchten alle, die größten Veranstaltungen zu bekommen.

Plötzlich fragte einer der Programmleiter, wo mein Vater sei. Er war auf dem Höhepunkt seines Dienstes und wurde von jedermann sehr geschätzt. Sie wollten sich mit ihm besprechen, doch niemand schien zu wissen, wo er sich gerade aufhielt. Schließlich hieß es, man habe ihn zuletzt im Küchen- und Essbereich gesehen, also ging ich mit ihnen, um meinen Vater zu suchen.

Sie trauten ihren Augen kaum, als sie die Küche betraten. Mein Vater war gerade dabei, gemeinsam mit den Hilfskräften auf Händen und Knien den Boden zu schrubben.

‚Bruder Goss', sagten die anderen, ‚was machst du da? Wir stellen gerade den Predigtplan auf und würden gern wissen, welche Wünsche du hast.'

‚Ach, Brüder', erwiderte mein Vater, ‚ihr habt so viele gute Prediger hier, da braucht ihr euch doch meinetwegen keine Gedanken zu machen. Ich habe herausgefunden, dass hier in der Küche nicht genügend Helfer zur Verfügung stehen, also habe ich mit Hand angelegt.'"

Wir hatte beide Tränen in den Augen, als der Sohn diese Erinnerungen an seinen Vater mit mir teilte. Sein göttlicher Einfluss hat so viele Menschen erreicht.

"Mein Vater war wirklich anders. Er war einzigartig. Er hatte so ein demütiges Herz und deshalb waren seine Gebete und Predigten von besonderer Kraft erfüllt. Gott war tatsächlich mit ihm."

Ein demütiges Herz ist wie ein Magnet,
der Gottes Wohlwollen auf sich zieht.

Gott kann Sie und mich genauso mit seiner Kraft beschenken, wenn wir eine demütige Haltung einnehmen. So wie der Stolz die Segnungen des Himmels vertreibt und dem Sturz vorausgeht, so ist ein demütiges Herz wie ein Magnet, der Gottes Wohlwollen auf sich zieht. In manchen Menschen wohnt Gott auf ganz besondere Weise. Er wohnt in ihnen, weil ihre demütigen Herzen ein Ruheplatz für ihn sind. Es handelt sich um eine Art göttlicher Bevorzugung, die von Gottes Wort bestätigt wird: „Der Herr sagt: Der Himmel ist mein Thron, die Erde mein Fußschemel. Was für ein Haus wollt ihr da für mich bauen? Wo ist die Wohnung, in der ich Raum finden könnte? … Aber ich blicke freundlich auf die Verzagten, die sich vor mir beugen, auf alle, die mit Furcht und Zittern auf mein Wort achten" (Jes 66,1–2).

Wir sollten es uns also zum Ziel setzen, demütige Herzen zu haben und seine Hilfe und sein Wohlwollen über alles andere zu stellen. Dann werden wir mit seiner Gnade seine eindrucksvolle Kraft erfahren, wenn er uns mit seinem Wohlwollen und seinen Segnungen umgibt. Gott wird gemäß seiner Zusage handeln: „Beugt euch also unter Gottes starke Hand, damit er euch wieder aufrichten kann, wenn seine Zeit kommt" (1 Petr 5,6).

Vater, hilf uns, demütig zu sein. Bewahre uns vor Stolz und Arroganz, die uns aus deiner segnenden Hand reißen. Lehre uns, jeden Tag mit dir zu leben und nie aus den Augen zu verlieren, wie groß du bist und wie sehr wir dich brauchen. Amen.

Der Blick
nach oben

Dienstagabends findet in der *Brooklyn Tabernacle* der wichtigste Gottesdienst der ganzen Woche statt – unsere Gebetsversammlung. Wir Pastoren freuen uns mehr auf diese Versammlung als auf irgendeine andere Veranstaltung im Kalender der Gemeinde. Es kommen so viele Menschen zu dieser Versammlung, dass wir die Tribüne, das Chorgestühl, die Eingangshalle und einen Ausweichraum benutzen müssen, um alle unterzubringen. Oft finden die Leute keinen Sitzplatz mehr und bleiben während der gesamten Dauer der Versammlung stehen, die mit Lob und Dank, Bitten und Flehen gefüllt ist. Wenn man darüber nachdenkt, dann gibt es eine Menge Anliegen, für die man beten kann, und unser Gott im Himmel hat stets ein offenes Ohr für seine Kinder, die zu ihm rufen.

Wir werden jeden Dienstag von der *Brooklyn Tabernacle Prayer Band* unterstützt. Diese Gebetsgruppe wurde von Kenneth Ware, einem meiner Pastoren-Kollegen, gegründet, und sie hat es sich zur Aufgabe gemacht, Gebetsanliegen aus der ganzen Stadt, dem ganzen Land und der ganzen Welt vor Gottes Thron zu bringen. Jede Stunde des Tages sind Mitglieder

der Gebetsgruppe in unserem Gebetsraum aktiv. Sie nehmen freiwillig an einem festgelegten Zeitplan teil, sodass jedes dringende Anliegen sofort vor Gott gebracht werden kann – am Tag und in der Nacht.

Während des Gebetsgottesdienstes am Dienstagabend sitzen Mitglieder der *Prayer Band* wie eine kleine Armee auf den Chorstühlen hinter mir, bereit, den Pastoren und der Gemeinde zu dienen. Die Versammlung hat kein formelles Ende, denn wir ermutigen die Leute dazu, so lange zu bleiben und zu beten, wie sie wollen. Wer gehen muss, der geht – doch alle wissen, dass das Gebäude so lange offen bleibt wie nötig, auch für solche, die sich den Mitgliedern der Gebetsgruppe während der Nachtschicht anschließen wollen.

Nach der offiziellen Versammlung bleibe ich immer mit der Gebetsgruppe still vor Gott sitzen. Jede Woche bringt neue Herausforderungen mit sich, sodass ich viel mit Gott zu besprechen habe. Den größten Teil der Gebetsversammlung nutze ich dazu, die Gemeinde zum Gebet für andere Personen anzuleiten. Hinterher konzentriere ich mich auf meine persönlichen Anliegen.

Vor rund zwei Jahren setzte ich mich zur Gebetsgruppe und bat fünf oder sechs der Mitglieder, für mich zu beten. Ich öffnete mich für Gott und sein Reden, als sie ihre Hände sanft auf meine Schultern legten.

Nach einer Weile hörte ich die Stimme einer Frau für mich beten. Ich lauschte ihrem Gebet und spürte, dass sie mit ihrem ganzen Herzen dabei war und dass der Heilige Geist sie dabei stützte. Ihr Gebet war inbrünstig, beherzt und in Übereinstimmung mit Gottes Wort. Sie zitierte eine Zusage aus der Bibel nach der anderen. Sie bat Gott, mich in Bereichen zu stärken und zu unterstützen, von denen nur ich und Gott wussten. Sie schien geradewegs in mein Herz hineinzublicken, als sie Gott so intensiv bat, dem schwachen Mann zu helfen, der ihr Pastor war. Ich ließ meinen Tränen freien Lauf, als sie uns so zum Thron Gottes führte, dem Ort, von dem aus Gott so bereitwillig seine Barmherzigkeit und Gnade zur Verfügung stellt.

Wer ist nur diese Frau, die mit so großer geistlicher Einsicht und solchem Glauben betet?, fragte ich mich. Ich konnte sie anhand ihrer Stimme nicht identifizieren und ich sah mich nicht nach ihr um. Im Verlauf mehrerer Wochen wiederholte sich diese Situation noch ein- oder zweimal: Eine Gruppe betete für mich und die gleiche Stimme war zu hören. Ich konnte sie einfach nicht überhören. Ich kenne nicht alle Mitglieder der Gebetsgruppe persönlich, doch schließlich fand ich heraus, wen Gott benutzte, um mich so besonders zu segnen – eine große afroamerikanische Frau von ungefähr 35 Jahren namens Silvia Glover.

Wahrscheinlich fragen Sie sich nun, welche spirituellen Wurzeln eine solche Gebetskämpferin wie Silvia

Wenn Sie mit dem Rücken zur Wand stünden, dann würden Sie sich wünschen, dass Silvia Glover neben Ihnen in der Ecke steht und zu Gott ruft.

hat. Welches Bibelseminar hat sie besucht? Ist sie vielleicht eine ehemalige Missionarin, die nach Jahren des intensiven Dienstes gelernt hat, wie man wirkungsvoll und inbrünstig betet? Wie viele Jahre Sonntagsschule und Gemeindedienst sind wohl nötig, um eine Frau hervorzubringen, die mit solcher Kraft betet? Glauben Sie mir, wenn Sie mit dem Rücken zur Wand stünden, dann würden Sie sich wünschen, dass Silvia Glover neben Ihnen in der Ecke steht und zu Gott ruft. Doch woher stammt diese Frau und wie ist sie zu der Gebetskämpferin geworden, die sie heute ist?

Kampf ums Überleben

Silvia wurde in Brooklyn geboren. Sie war eines von fünf Kindern und die jüngere von zwei Schwestern. Zunächst hatte sie eine enge Beziehung zu ihrem Vater und war ständig mit ihm zusammen – bis sie alt genug war, um all die Frauen zu bemerken, die ihn umschwirrten. Die zunehmenden Beschimpfungen ihres Vaters wurden Teil ihrer frühen Kindheit, die insgesamt von Gewalt geprägt war. Die kränkenden Bemerkungen ihres Vaters taten ihr weh und hinterließen tiefe Spuren in ihrem jungen Herzen.

Die Situation in ihrem Elternhaus wurde immer schlimmer, sodass ihre Schwester sich ganz in sich zurückzog – Silvia dagegen trieben die Probleme auf die Straße. „Meine Mutter musste arbeiten, und niemand war da, um abends auf uns aufzupassen", erinnert sich Silvia. „So begannen für mich die Partys und die Besäufnisse, obwohl ich erst 12 oder 13 war. Im Alter von 14 Jahren besuchte ich zum ersten Mal einen Nachtclub, obwohl man laut Gesetz erst mit 21 dort zugelassen ist. Ich war jedoch sehr groß für mein Alter und brauchte mich nur entsprechend anzuziehen und zu schminken, um Einlass zu bekommen.

Nun hatte ich also Zugang zu diesen Clubs, doch ich fühlte mich dort schrecklich einsam und wusste nichts mit mir anzufangen. Ich hatte ohnehin wenig Selbstbewusstsein und so sprach ich nur mit Bekannten. Sobald sich eine fremde Person näherte, machte ich den Mund zu und sagte überhaupt nichts mehr. Ich war extrem schüchtern und hatte große Angst davor, abgelehnt zu werden."

Doch wenn Silvia Alkohol getrunken hatte, wurde sie ein anderer Mensch – mitteilsam, freundlich und mutig. Sie begann schon bald, Marihuana zu rauchen und sich mit kleinen Drogendealern an der Straßenecke einzulassen, die es wie Sand am Meer gab. Sie schwänzte so häufig den Unterricht, dass es an ein Wunder grenzte, dass sie den Highschool-Abschluss schaffte. Oft wurde sie von der Polizei zur Schule begleitet, nachdem man sie in der Nachbarschaft gefunden hatte, wo sie sich herumgetrieben hatte. „Herumtreiben" war die zentrale Tätigkeit in Silvias Leben geworden.

Sie verbrachte jeden Abend in Nachtclubs und lernte einige neue Freunde kennen, die Rastafari-Anhänger (Mitglieder einer religiösen Sekte mit Ursprung in Jamaika) und außerdem bedeutende Drogendealer waren. Mit 20 Jahren wurde Silvia Mitglied der Sekte,

wodurch sie noch tiefer in die Drogenszene hinein-
geriet. Während der religiösen Versammlungen der
Rastafari-Sekte rauchte sie ganz besonderes Marihuana
– das beste, das sie je kennen gelernt hatte. Nach dem
Glauben dieser Sekte war der Drogenrausch ein Weg,
um näher zu Gott zu gelangen. Sollte dies stimmen,
waren Silvia und ihre Freunde *sehr* nahe bei Gott.
Unter dem Einfluss ihrer Freunde geriet sie auch an
Kokain und andere harte Drogen. Sie erhielt sie von
mehreren Freunden, die mit großen Mengen dealten.

Zu diesem Zeitpunkt zog Silvia aus ihrem Elternhaus aus. Washington Square Park in Manhattan
wurde ihre neue Behausung. Drogenabhängige und
Kriminelle – die einzigen Menschen, von denen sie
sich angenommen fühlte – wurden ihre neue Familie
und ihr sozialer „Halt". Sie „erlernte" Ladendiebstahl
und wurde ein richtiger Meister darin. Sie arbeitete in
Läden, um ihre Sicherheitssysteme auszuspionieren.
Sie inszenierte Scheinverkäufe und steckte das Geld
in die eigene Tasche. Wenn die Inventur bevorstand,
kündigte sie und machte sich auf den Weg zum nächsten „Job". Dabei brauchte sie das Geld gar nicht. Ihre
Freunde versorgten sie mit allem, was sie benötigte –
einige gaben ihr 100 Dollar pro Tag nur fürs College –,
doch die Diebstähle gaben ihr das Gefühl, noch mehr
dazuzugehören.

„Innerlich fühlte ich mich völlig unsicher", erinnert
sich Silvia. „Ich hatte eine Mauer aufgerichtet, sodass
niemand an mich herankam. Keine einzige Beziehung
bedeutete mir wirklich etwas. Ich ließ nicht zu, dass
irgendjemand wichtig für mich wurde und mich ver-

letzen konnte, wie mein Vater es getan hatte. Ich wurde innerlich ganz hart und nur der Alkohol konnte mich etwas auflockern. Nur wenn ich mich betrank, fühlte ich mich frei und ging aus mir heraus. Jeden neuen Tag begann ich mit Bier und billigem Wein, danach trank ich Brandy oder Wodka. Ich brauchte das alles, um mich gut zu fühlen.

Ich besuchte das College, doch der College-Abschluss war nicht wirklich mein großes Ziel. Für mich war es wichtiger, den größten Drogendealer zum Freund zu haben. Ich war wirklich verrückt, denn die Gewalt, die diese Leute umgab, prägte mich immer mehr. Viele meiner Freunde waren bereits durch die in der Drogenszene herrschende Gewalt gestorben, doch ich dachte, dass es mich nie treffen würde. Eine meiner Freundinnen war 21 Jahre alt und schwanger, doch sie war zum falschen Zeitpunkt mit der falschen Gruppe zusammen. Sie schossen ihr in den Kopf und in den Bauch. Dann brachten sie ihre beiden Kinder um. Ich war traurig, doch ich konnte noch nicht einmal an ihrer Beerdigung teilnehmen, denn bei solchen Gelegenheiten fanden die schlimmsten Schießereien zwischen den verschiedenen Drogenbanden statt."

Silvia wechselte von einem Liebhaber zum nächsten. Sie gab sich nur mit Drogendealern ab und einige dieser Liebhaber gaben ihr bis zu 1 000 Dollar pro Tag, die sie nach Belieben auf den Kopf hauen konnte! Einer ihrer Freunde wurde gewalttätig, doch sie schlug ihn mit ihrem Schlüsselbund, an dem eine Rasierklinge befestigt war. Sie beendete diese Beziehung.

Silvias Leben wurde zu einem einzigen Kreislauf aus unterschiedlichen Schulen, Jobs und Liebhabern. Jedes Jahr von Thanksgiving bis Januar fiel sie in eine tiefe Depression und spielte mit dem Gedanken an Selbstmord. *Ist das alles, was man vom Leben erwarten kann?*, fragte sie sich. Im Drogen- oder Alkoholrausch zu sein und zu stehlen? Die Sünde zog sie in ihren tödlichen Sog. „Mein Leben wurde ein einziges Desaster. Man war wegen eines Ladendiebstahls in einem großen Kaufhaus hinter mir her. Ich stahl die Kreditkarten meines Vaters und plünderte sein Konto. Mein neuer Freund war verheiratet und hatte Kinder, aber das war mir egal. Manchmal zeigte sich seine Frau auf irgendwelchen Partys, auf denen wir auch waren. Es war mir gleichgültig. Jeder wusste, dass sie seine Ehefrau war, aber ich war die Frau, die er liebte." Zu jener Zeit wurden ihre Eltern geschieden, was sie in ihrer Meinung bestätigte, dass die Ehe nicht funktioniert und dass man besser einfach nur zusammen lebt und sich dann trennt, bevor man sich gegenseitig umbringt.

Doch Silvia schaffte es immer noch, so zu tun, als sei alles in Ordnung. Sie versteckte ihre zusammengedrehten Haarsträhnen (das Kennzeichen der Rastafari) bei Vorstellungsgesprächen und bekam Jobs, die ihr sonst verschlossen geblieben wären. Sie bekam eine Anstellung bei einem Makler, wodurch sie Zugang zur Nachtclubszene der Wall Street erhielt. Für Silvia war es nichts Neues – sie hatte alles schon einmal mitgemacht.

„Die Managerin dieses Unternehmens war die erste Christin, der ich je begegnet war. Sie strahlte eine solche Freude aus, dass ich sie fragte: ‚Was rauchen Sie denn für einen Stoff? Offenbar ist er besser als meiner.' Sie war Mitglied im ‚Brooklyn Tabernacle'-Chor und begann, für mich zu beten. Ich war beleidigt, als sie mich immer wieder einlud, die Gemeinde zu besuchen. Ich dachte, dass ich sie eher zu meinem Lebensstil verleiten könne, bevor ich sie an mich heranließ. Die stellvertretende Direktorin des Unternehmens wunderte sich, dass diese Frau mit mir sprach und sich um so eine unzivilisierte und gemeine Person wie mich bemühte.

„Meine innere Leere schrie beinahe heraus:
Wann wird mich jemand lieben?
Wann wird das Leben einen Sinn haben?"

Dann erschoss mein Freund jemanden. Bevor er die Stadt verließ, um zu einem Drogendeal nach Baltimore zu fahren, bat er mich, die Waffe zu vergraben. Ich tat, worum er mich bat, doch er wurde festgenommen. Ich hatte mein so genanntes ‚Leben' vollkommen satt. Meine innere Leere schrie beinahe aus mir heraus: *Wann wird mich jemand lieben? Wann wird das Leben einen Sinn haben?"*

Das war der Wendepunkt in Silvias Leben. „Ich war schließlich einverstanden, mit meiner Vorgesetzten zur Gemeinde zu gehen, obwohl ich sie vorher warnte, dass das Gebäude bei meinem Eintreten wahrscheinlich zusammenstürzen würde. Gott und ich passten absolut nicht zusammen – dachte ich jedenfalls. Eines

Sonntags kam ich in die ‚Brooklyn Tabernacle' – eine Rastafari mit einem Turban auf dem Kopf. Ich sah ein Mädchen namens Pam, die ich aus der Clubszene kannte. Ich sagte mir, dass es ja nicht so schlimm sein konnte, wenn sie da war. Ich setzte mich auf die Empore und hörte der Chormusik zu, dann begann die Predigt.

Pastor Cymbala sprach über die Liebe Gottes und schon bald begann ich zu weinen. Ich wusste tief in meinem Innern: Das, worüber er sprach, hatte ich mein Leben lang gesucht. Es war genau das, was ich brauchte! Als er die Einladung aussprach, Christus anzunehmen, stand ich auf. Meine Freundin, die mich eingeladen hatte, war so geschockt, dass sie rief: „Was tust du da? Weißt du, was das bedeutet?' Ich sagte: ‚Ja, ich werde für den Rest meines Lebens für Jesus Christus leben.' Ich ging nach vorn und dies war das Ende meines alten Lebens und der Beginn einer ganz neuen Silvia Glover."

Silvia stellte ihre Clubbesuche ein, löste alle Beziehungen zu ihren Drogendealer-Freunden und stieg aus der Kriminalität aus. Ihre Ausstrahlung war durch ihre innere Wandlung so verändert, dass es ihren Freunden sofort auffiel. Es war für jedermann sichtbar, dass sie eine neue Schöpfung in Christus geworden war. So wie sie vorher dem Satan und der Sünde gedient hatte, so intensiv und mit ganzem Herzen widmete sie sich nun den göttlichen Dingen. Sie war bereit, für ihren neuen Herrn alles zu tun und überall hinzugehen. Wer konnte ein so chaotisches Leben derart verändern und zu einem vorbildlichen geistlichen Leben erwecken, wenn nicht Jesus Christus? Ich war vor Dankbarkeit überwältigt, als ich die Lebensgeschichte dieser Gebetskämpferin erfuhr, die jeden Tag für Carol und mich im Gebet eintritt.

Silvia kann zwar gut in der Öffentlichkeit reden, doch ihr eigentlicher Dienst ist der des Gebets – wie sie an jenen Dienstagabenden in der *Brooklyn Tabernacle* bewiesen hat. Es ist sehr schade, dass viele Gemeinden sich um diese Gabe Gottes nicht mehr wirklich bemühen oder sie wertschätzen. Menschen, die intensiv beten, und eine Gemeinde, die mit ganzer Kraft die Gemeinschaft mit Gott sucht – das sind die beiden großen Geheimnisse, die Gottes Segen in ungeahnter Weise fließen lassen.

Ein besonderer Besuch

Silvia erinnert mich an Hanna, eine andere Frau, deren Gebet Gottes Segen freisetzte. Die Bibel berichtet uns, dass Hanna ähnlich wie Silvia in einer Familie lebte, in der es zahlreiche Probleme gab. Sie war eine der beiden Frauen Elkanas. Sie war zwar die bevorzugte Ehefrau, doch diese Auszeichnung wurde durch die Tatsache abgeschwächt, dass sie keine Kinder bekam. Ihre Situation verschlimmerte sich durch die zweite Ehefrau Pennina, die mehrere Kinder gebar und ausgesprochen boshaft war. In der Bibel heißt es: „Darauf begann Pennina regelmäßig zu sticheln und suchte Hanna wegen ihrer Kinderlosigkeit zu kränken" (1 Sam 1,6). Eine solche Situation konnte einen Menschen sicherlich dazu bringen, die Beherrschung zu verlieren.

Jedes Jahr ging Hanna zum Haus Gottes in Schilo. Bei dieser Gelegenheit sollten die Israeliten Gott Lob und Dank darbringen, doch in Begleitung ihrer zänkischen „Großfamilie" erlebte Hanna etwas völlig anderes. Ihre Rivalin quälte sie zu diesem Anlass noch gnadenloser als gewöhnlich, bis Hanna weinte und keinen Bissen mehr herunterbekam. Dies wiederholte sich Jahr für Jahr.

All die Tränen und die Verzweiflung konnten an ihrer Lebenssituation nichts ändern. Doch eines Tages – die Familie war erneut in Schilo – tat Hanna etwas, das nicht nur ihr Leben, sondern sogar den gesamten Verlauf der Geschichte Israels verändern sollte. „Als man gegessen und getrunken hatte, stand Hanna auf und ging zum Eingang des Heiligtums" (1 Sam 1,9). Nach Jahren der Provokation, des Spotts und der Bitterkeit machte sich Hanna auf und ging zum Heiligtum Gottes. Dort tat sie das Einzige, was ihr Leben verändern konnte. „Hanna war ganz verzweifelt. Unter Tränen betete sie …" (Vers 10). Sie hatte zuvor viele Tränen des Selbstmitleids vergossen, doch nun geschah etwas völlig Neues. Sie schüttete ihr Herz vor Gott aus. Sie vertraute ihm ihr ganzes Dilemma und die Feindschaft, die man ihr entgegenbrachte, an.

Ihr Gebet war anders als die Gebete, die man häufig hört oder die wir selbst beten: „Hanna betete still für sich" (Vers 13). Und genau darin liegt der Unterschied. Ihr Gebet war nicht nur ein ordentliches Produkt ihres Kopfes. Es war weit mehr – ein überströmender Ausdruck ihres gequälten Herzens. Sobald ein notleidendes Herz beginnt, aufrichtig zu beten, wird als Antwort auf diesen Hilferuf der Himmel in Bewegung gesetzt. Hannas Geschichte hat nichts mit Melodramatik oder emotionalem Fanatismus zu tun. Die Bibel schildert lediglich, welche Kräfte freigesetzt werden, wenn ein aufrichtiges Herz zu Gott schreit.

Sobald ein notleidendes Herz beginnt,
aufrichtig zu beten, wird als Antwort auf diesen Hilferuf
der Himmel in Bewegung gesetzt.

Als Hanna ihr Herz ausschüttete, öffneten sich ihr die Hilfsquellen des Allmächtigen. Bis zu diesem Augenblick wird nicht erwähnt, ob sie genug Vertrauen hatte, Gott um eine Veränderung ihrer Situation zu bitten. Doch als sie an diesem Tag in Schilo aktiv wurde und betete, wurde ihr Leben für immer verändert.

Gott antwortete auf Hannas Herzensgebet und schenkte ihr einen Sohn, den sie Samuel nannte. Da sie wusste, dass dieser Sohn Gottes Antwort auf ihr Gebet war, weihte sie ihn für den Dienst im Tempel. Dieser kleine Junge wuchs mit der Verehrung Gottes im Tempel auf und wurde später ein großer Prophet in Israel.

Gott gebrauchte Samuel, um die Geschichte einer ganzen Nation zu verändern (1 Sam 4,1), aber das sollte uns nicht überraschen. Samuel war nicht nur der Nachkomme von Hanna und Elkana. Er war die Antwort Gottes auf das Gebet eines Menschen, der sich ihm im Gebet vollständig anvertraut hatte. (Übrigens beschenkte Gott Hanna nach der Geburt von Samuel mit fünf weiteren Kindern!)

Leben ohne Frucht

Eli, der für den Tempel in Schilo verantwortliche Priester, ist ein Bild für den traurigen geistlichen Zustand Israels. Er war so weit von Gott entfernt, dass er Hannas stilles, aber intensives Gebet falsch interpretierte und dachte, sie sei betrunken! In vielen heutigen Gemeinden sieht es ähnlich aus. Viele Gemeindeleiter regeln alle möglichen Aktivitäten, erkennen aber nicht, wie wichtig Gebetsversammlungen sind. Sie tolerieren alles, nur nicht das inbrünstige Ausschütten eines Herzens vor Gott während des Gottesdienstes. Sie wollen alles sorgfältig organisieren und minutengenau planen. Es ist erschreckend, dass so wenige Gemeinden heutzutage die Aussage Gottes ernst nehmen, dass sein Haus ein Haus des Gebets genannt werden soll (Jes 56,7; Mt 21,13). Gott möchte uns daran erinnern, dass nichts auf der Erde oder in der Hölle letzten Endes gegen den Mann oder die Frau ankommt, die den Namen des Herrn anrufen!

Nachdem ich mein erstes Buch, „Wenn Glaube Feuer fängt", geschrieben hatte, war ich verblüfft über eine der Kritiken, die ich erhielt. Ein christlicher Leiter erklärte, unsere Gebetsversammlungen am Dienstagabend und der Dienst von Gläubigen wie Silvia Glover hätte nichts mit den Segnungen Gottes für unsere Gemeinde zu tun und diese Segnungen seien auch keine Antwort auf unsere Gebete. Er schrieb: „Wie könnten unwichtige Menschen den souveränen Gott beeinflussen? Wie sollen schwache menschliche Gebete die Hand des Schöpfers des Universums in Bewegung setzen? Gott tut, was ihm gefällt, also vergessen Sie die Vorstellung, dass Gottes Handeln mit den Gebeten von Menschen in Verbindung steht." Doch das ist ein großer Irrtum: Gott macht in der Bibel immer wieder deutlich, dass *nichts* auf der Erde oder in der Hölle letzten Endes gegen den Mann oder die Frau ankommt, die den Namen des Herrn anrufen!

Es ist kein Wunder, dass das Leben so vieler Christen keine Frucht trägt und so viele Gemeinden regelrecht ausgetrocknet sind! Wenn die Behauptungen jenes Kritikers wahr wären, dann sollten wir wohl lieber unsere Bibel auf den Müll werfen, denn sie ermutigt uns doch an zahlreichen Stellen, Gott unser Herz im Gebet zu öffnen, damit er uns antworten und mit den Segnungen beschenken kann, die wir so dringend brauchen. Er gibt die Zusage: „Bist du in Not, so rufe mich zu Hilfe! Ich werde dir helfen und du wirst mich preisen" (Ps 50,15). König David hatte mit allen möglichen Widerständen und Problemen zu kämpfen, doch er wusste eines ganz genau: „Wenn ich zu dir um Hilfe rufe, dann rettest du mich vor meinen Feinden" (2 Sam 22,4). David vertraute darauf, „dass er mich hört, wenn ich zu ihm rufe" (Ps 4,4) und erklärte: „In meiner Not schreie ich zu dir; du wirst mir Antwort geben" (Ps 86,7).

Wenn wir uns jedoch nicht an Gott wenden und zu ihm rufen, dann bringen wir uns um seinen Segen: „Ihr bekommt es nicht, weil ihr Gott nicht darum bittet" (Jak 4,2). Dies ist vermutlich der traurigste Kommentar, den man sich für ein Leben vorstellen kann – besonders für das Leben eines Christen. Stellen Sie sich diese Tragödie vor: Gott will handeln, er will uns helfen und stärken, doch er wird durch sein eigenes Gesetz, nach dem nur der Bittende empfängt, daran gehindert.

Ich denke, wir sollten unser Leben lieber auf das sichere Wort Gottes gründen und Davids Erfahrungen aus erster Hand berücksichtigen, als uns einer Theologie des Zynismus und Unglaubens zu öffnen.

Achten Sie darauf, was Ihr Herz bewegt

Durchleben Sie gerade eine schwierige Phase? Haben Sie wie Hanna alles versucht, mit Ausnahme des Gebets? Haben Sie bislang nur Frust und Verzweiflung erlebt? Was würde geschehen, wenn Sie sich an Gott wenden und alles, was sich in Ihrem Herz befindet, vor ihm ausbreiten? Sie brauchen keine kunstvollen Worte oder religiöse Formulierungen. Sagen Sie Gott einfach, wie die Dinge wirklich sind. Lassen Sie Ihr Herz sprechen. Ihre Situation mag mit der von Silvia Glover nichts gemeinsam haben, doch Gott antwortete auf ihr einfaches Gebet um Hilfe – was wird er wohl für Sie tun?

Sie brauchen keine kunstvollen Worte
oder religiöse Formulierungen.
Sagen Sie Gott einfach, wie die Dinge wirklich sind.

Ich möchte noch eine Frage stellen: Als Sie Silvias Geschichte lasen, haben Sie da das Wirken des Geistes in Ihrer Seele verspürt? Möglicherweise ist der Gebetsdienst genau das, wofür auch Sie sich berufen fühlen. Sie sind vermutlich kein Pastor, Lehrer oder Musiker, doch der Gedanke, für Menschen in Not zu beten, bewegt Sie in Ihrem Innersten.

Vielleicht sind Sie jahrelang vor dieser Berufung davongelaufen oder haben sie vernachlässigt. Heute kann ein Wendepunkt in Ihrem Leben sein! Vergessen Sie die Versäumnisse der Vergangenheit und widmen Sie sich dem Gebet, sodass Gott Sie dazu gebrauchen kann, durch Sie seinen Segen zu den Menschen zu bringen – in einem Ausmaß, dass Sie sich nie hätten träumen lassen. Wenn Gott die verzweifelte Hanna gebrauchen konnte, um das Schicksal einer ganzen Nation zu wenden, was wird er wohl durch Sie bewirken können? Und wenn eine ungezähmte und verhärtete Frau wie Silvia in eine moderne Hanna verwandelt werden konnte, dann sollte uns keine Entschuldigung davon abhalten, uns für das Beste, das Gott für unser Leben bereithält, zu öffnen.

Gerade in diesem Augenblick ist Gottes Ohr für den Schrei Ihres Herzens offen.

Herr, wir bringen unsere Lasten und unseren Kummer zu dir. Du hast versprochen, uns in Zeiten der Not und des Mangels zu helfen. Wir vertrauen auf dein Wort und bringen jede einzelne Sorge zu dir. Wir bitten dich um dein Wirken in unserem Leben, damit andere deine Kraft und die Treue deiner Liebe erkennen können. In Jesu Namen, Amen.

Die Kraft der Sensibilität

Während meines zweiten Studienjahres an der Universität von Rhode Island spielte ich in der Basketballmannschaft. Wir hatten einige sehr talentierte Spieler und brachten zu Beginn unseres Spielplans (26 Spiele waren vorgesehen) sehr gute Leistungen.

Mitte Dezember standen an aufeinander folgenden Abenden im Keaney-Gymnasium auf unserem wunderschönen Campus in Kingston, Rhode Island, die Rückspiele auf dem Plan.

Am ersten Abend schlugen wir die *St. John's University*. Ich war über den Besuch zweier enger Freunde, Wayne und Richard, begeistert, die extra aus New York gekommen waren. Sie riefen sowohl für mein Team als auch für mich selbst lautstark Beifall, als wir uns in diesem unglaublich spannenden Spiel durchsetzten. Am nächsten Abend war unser Gegner die *Brown University*, eine der Eliteuniversitäten im Osten der USA, die sich ebenfalls in Rhode Island befindet. Wir rechneten damit, dass dieses Spiel wesentlich leichter sein würde als das vorangegangene Spiel.

Gemeinsam mit meinen Freunden verließ ich mein

Wohnheim schon früh, sodass ich ausreichend Zeit haben würde, mich auf das Spiel vorzubereiten. Es schneite ein wenig, als wir uns in Richards 1963er VW Käfer zwängten und die abschüssige Straße hinauffuhren, die an mein Wohnheim angrenzte. Das Auto, das sich ungefähr 30 Meter vor uns befand, hielt wie erwartet am Stoppschild an der Straßenecke an. Dann begann es auf einmal, rückwärts zu fahren, und rollte geradewegs auf uns zu! Selbst bei trockenem Wetter hätte Richard niemals rechtzeitig ausweichen können. Ich duckte mich und klammerte mich in Erwartung des Zusammenpralls an den Rücksitz.

Das Hinterteil des außer Kontrolle geratenen Wagens stieß mit großer Wucht in unser Auto. Überall flogen Glassplitter herum. Durch die Kraft des Aufpralls wurden die Vordersitze so heftig gegen meine Schienbeine gedrückt, dass ich heute immer noch eine kleine Beule in meinem linken Schienbein habe.

Im Vergleich zu Wayne hatte ich großes Glück. Er saß auf der Beifahrerseite und wurde von Glassplittern getroffen, sodass er aus zahlreichen Schnittwunden im Gesicht blutete. Wir drei hievten uns aus dem völlig beschädigten Käfer und kämpften uns zu dem anderen Wagen vor. Ich erreichte ihn als Erster und öffnete die Fahrertür. Was ich dort sah, trug nicht gerade dazu bei, meine Betäubung zu überwinden.

Der Fahrer war mittleren Alters und hing bewegungslos zusammengesackt über dem Lenkrad. Neben ihm saß eine Studentin, die offenbar einen Schock erlitten hatte und mit glasigen Augen geradeaus starrte. Sie reagierte überhaupt nicht, als ich sie ansprach und herauszufinden versuchte, was wir für sie tun konnten. Ohne über das korrekte medizinische Vorgehen nachzudenken, versuchte ich, den Fahrer aus dem Wagen zu hieven. Als ich meine Arme um seine Schultern und seinen Nacken legte, gab er ein gurgelndes Geräusch von sich und fiel dann gegen mich. Er starb buchstäblich in meinen Armen.

Die Studentin sah mich nicht an und sprach auch die ganze Zeit kein Wort mit mir. Später erfuhr ich, dass der Fahrer ihr Vater war, der sie für die Weihnachtsferien nach Hause holen wollte. Er hatte an dem Stoppschild einen Herzinfarkt erlitten. Als er nach vorn fiel, legte er versehentlich den Rückwärtsgang ein und stieß mit seinem Fuß gegen das Gaspedal.

Studenten kamen zum Unfallort gelaufen und riefen mir zu, sie würden die Campus-Polizei verständigen. Also wandte ich mich meinen Freunden zu. Waynes Gesicht war voller Blut. Richard ging es ein wenig besser. Jemand rief uns zu, wir sollten Wayne zur Krankenstation bringen, die weniger als 100 Meter entfernt war. Während wir durch den Schnee eilten, gab irgendjemand Wayne ein Taschentuch, damit er sein blutiges Gesicht abwischen konnte. Richard hatte einige Schnittwunden, und ich humpelte ein wenig auf Grund der Prellungen, die ich bei dem Zusammenstoß erlitten hatte. Wir drei waren vermutlich ein beeindruckender Anblick.

Die Campus-Krankenstation unserer Universität war Mitte der 60er Jahre nicht gerade eine vorbildliche Unfallambulanz. Nur eine junge Schwesternschülerin hatte an diesem Abend Dienst, während die reguläre

Krankenschwester einen Tag frei hatte. Ich werde nie die erste Reaktion der Schwesternschülerin vergessen, als wir drei durch die Tür stolperten. Wir waren alle durch den Unfall ein wenig benommen. Waynes Blut hatte sich überall verteilt, auch auf Richard und mir. Als die Schwesternschülerin hereinsah, um den Grund für den Tumult zu entdecken, stieß sie einen spitzen Schrei aus, der uns zu verstehen gab, dass wir es wohl nicht mit einer erfahrenen Florence Nightingale zu tun hatten. Sie wirkte panisch. Einen Moment lang dachte ich, dass sie selbst medizinische Hilfe brauchen könnte. Doch Gott sei Dank beruhigte sie sich und bekam die Situation unter Kontrolle. Sie untersuchte uns nacheinander und versorgte unsere Schnittwunden. Wir hörten die Sirenen, als ein Krankenwagen den Fahrer des anderen Wagens und seine Tochter zu einem nahegelegenen Krankenhaus brachte.

Emotional erschöpft und verwundet, beantwortete ich die Fragen eines Polizisten, bevor ich endlich in mein Wohnheim zurückkehrte, um mich umzuziehen. Ich schaffte es, gerade noch vor Spielbeginn auf dem Platz zu erscheinen, doch ich war meiner Mannschaft an jenem Abend keine große Hilfe. Ich gab mein Bestes, ungeachtet der sonderbaren Taubheit, die ich geistig, emotional und auch körperlich empfand. Ich musste ständig an den Vater und seine Tochter denken. Mehrmals brach ich beinahe in Tränen aus. Ich sah immer wieder das Gesicht des Mannes vor mir, bevor er starb … die glasigen Augen des Mädchens … Aber ich musste meine Gedanken und Gefühle auf das Spiel konzentrieren.

Wir gewannen das Spiel, und Richard, Wayne und ich wurden schließlich gesund und führten unser Leben weiter. Es war auf jeden Fall ein erinnerungswürdiger Abend damals in Kingston, Rhode Island – oder vielleicht einer, den man besser vergessen sollte. Ich war ganz plötzlich mit dem Tod konfrontiert worden … und mit der Möglichkeit, der arg mitgenommenen Tochter zu helfen. Auch die leicht erregbare Schwesternschülerin war mit einer Situation konfrontiert worden, in der Menschen dringende Hilfe benötigten. Glücklicherweise behandelte sie jeden von uns dreien so gut, wie es ihr möglich war, nachdem sie den ersten Schock überwunden hatte.

Unsere Reaktion auf Menschen und Ereignisse,
insbesondere in Krisensituationen,
gibt Aufschluss über unsere wahre Persönlichkeit.

Diese Geschichte verdeutlicht, dass die Art und Weise, in der wir auf Menschen und Ereignisse reagieren, insbesondere in Krisensituationen, Aufschluss über unsere wahre Persönlichkeit gibt. In keinem anderen Bereich trifft dies mehr zu als in unserer Beziehung zu Gott. Obwohl uns ein empfindsames Herz in anderen Lebensbereichen verwundbar macht, ist es doch sehr wichtig und ermöglicht großen Segen im Umgang mit Gott. Die kalte, mechanische Professionalität, die in vielen Bereichen des Arbeitslebens bewundert wird, führt im geistlichen Leben zu echten Problemen. Die Bibel ist voller Warnungen in Bezug auf ein abgestumpftes, unempfindliches und hartes Herz gegenüber Gott. Wir sollten niemals aufhören, in unserem Dienst für Christus Gefühle zu erlauben. Unsere Sensibilität für Gottes Liebe, unser Fehlverhalten und die Bedürfnisse anderer wird zunehmen, je intensiver wir in Gottes Nähe leben. Sie ist eines der Zeichen eines hingegebenen Lebens.

Das Blatt wendet sich

Wenn es nach mir ginge, wäre neben dem Wort „empfindsam" im Bibellexikon ein Bild von König Joschija. Er war erst acht Jahre alt, als er nach der Ermordung seines gottlosen Vaters Amon den Thron von Juda bestieg. Während der Regierungszeit seines Vaters und seines Großvaters Manasse hatten die Könige Judas über ein halbes Jahrhundert lang fortwährend andere Götzen angebetet. Diese beiden Könige regierten nicht nach Gottes Willen, sondern hielten sich an all die abscheulichen Praktiken der heidnischen Völker, die Gott aus dem Land vertrieben hatte. Und durch ihr Vorbild leiteten sie auch das Volk in die Irre. Überall waren Götzenverehrung und Unmoral an der Tagesordnung. Altäre für Baal und Bildnisse der Aschera waren in ganz Jerusalem verstreut und Gottes auserwähltes Volk brachte diesen schrecklichen Götzen Opfer dar. Man ging sogar so weit, Kinder als lebendige Opfer im Feuer zu verbrennen. Zauberei, Wahrsagerei und Hexerei wurden von den Königen und vom gemeinen Volk gleichermaßen praktiziert. Selbst der von Salomon erbaute Tempel blieb nicht unberührt. Er wurde durch ein geschnitztes Götzenbild und andere Formen der Gotteslästerung entweiht.

Vor dem Hintergrund dieses moralischen und geistlichen Morasts wurde Joschija im zarten Alter von acht Jahren als Herrscher eingesetzt. Menschlich gesehen schien es keine Hoffnung auf eine spirituelle Erneuerung zu geben. Offenbar ging Juda geradewegs auf das Gericht Gottes zu – so sah es jedenfalls aus. Doch die Bibel berichtet uns etwas ganz Anderes, Ungewöhnliches und Unerwartetes:

„In seinem achten Regierungsjahr, als er [Joschija] noch sehr jung war, fing er an, nach dem Herrn, dem Gott seines Ahnherrn David, zu fragen. Im zwölften Regierungsjahr begann er, in Juda und Jerusalem die Opferstätten, die geweihten Pfähle und die geschnitzten und gegossenen Götzenbilder zu beseitigen. Unter seiner Aufsicht wurden die Altäre des Gottes Baal niedergerissen. Die Räuchersäulen, die darauf standen, ließ er in Stücke schlagen. Die geweihten Pfähle und die geschnitzten und gegossenen Standbilder ließ er zu Staub zermahlen und den Staub auf die Gräber der Leute streuen, die diesen Machwerken Opfer dargebracht hatten. Die Gebeine der Götzenpriester ließ er auf den Altären verbrennen, auf denen sie Opfer dargebracht hatten. So reinigte er Juda und Jerusalem von allen diesen Dingen" (2 Chr 34,3–5).

Was geschah? Umgeben vom Götzendienst und von einer korrupten religiösen Führungsschicht wandte sich der 16-jährige Joschija gegen das Böse, das ihn und ganz Juda umgab – er hatte nie etwas anderes gekannt –, und begann, „nach dem Gott seines Ahnherrn David zu fragen". König David war vor Hunderten von Jahren gestorben, doch Joschija sehnte sich nach diesem Gott, der sein Volk so sehr gesegnet hatte. War es Joschijas Gewissen, das diese Sehnsucht nach Gott auslöste? War es die leise, sanfte Stimme des Heiligen Geistes oder die Stimme eines hebräischen Propheten, die Joschijas Herz anrührte? Wir wissen es nicht genau, doch aus irgendeinem Grund begann dieser König als Teenager eine geistliche Pilgerfahrt, die ganz Juda verändern sollte.

Nachdem Joschija vier Jahre lang Gott gesucht hatte, erkannte der 20-jährige Joschija, wie schlimm die abscheuliche Götzenverehrung war, die ganz Juda durchdrungen hatte, und ergriff weitreichende Maßnahmen. In den folgenden Jahren durchkämmte er das ganze Land auf der Suche nach allem, was mit heidnischer Götzenverehrung zu tun hatte, um es vollständig auszulöschen. Sein innerer Antrieb war so stark, dass er sich sogar in die Gebiete des Nordreiches Israel vorwagte, um das Land von dem Götzendienst zu befreien, von dem es so lange besudelt worden war.

Als Joschija 26 Jahre alt war, lenkte er seine Aufmerksamkeit auf andere Dinge, die ihm Sorge bereiteten. Obwohl so viel getan worden war, war der Tempel noch nicht instand gesetzt. Seit Jahren hatte man dort keine religiösen Riten mehr zelebriert. Also beauftragte König Joschija einen Bautrupp mit der Wiederherstellung des Tempels und wies die Leviten an, Geld zur Finanzierung der dringend erforderlichen, gewaltigen Renovierung des Hauses Gottes zu sammeln.

Wir können nur erahnen, welches geschäftige Treiben nun einsetzte – Arbeiter entfernten Steine und Gerümpel, Tischler sägten Holz für die Deckenbalken, Leviten führten Aufsicht und riefen Befehle, Lieferkarren wanden sich den Weg zum Tempel hinauf und Schriftgelehrte machten Inventur.

Die Entdeckung

Während der Renovierungsarbeiten am Tempel „fand der Priester Hilkija das Buch mit dem Gesetz, das der Herr durch Mose hatte verkünden lassen" (2 Chr 34,14). Er übergab das Buch Kanzler Schafan, der es wiederum dem König vorlas.

Es ist kaum zu glauben! Joschija, König von Juda, war Mitte 20 und hatte noch nie jemanden aus dem Buch des Gesetzes lesen gehört! Vermutlich waren die Schriftrollen Jahrzehnte lang in dem vernachlässigten Tempel verborgen gewesen. Bis zu diesem Zeitpunkt war das ganze Suchen Joschijas nach Gott ohne die Schriften von Mose erfolgt.

Bei genauem Hinsehen stellen wir fest, dass Schafan überhaupt keine Ahnung von der Bedeutung der gefundenen Schriftstücke hatte, sodass er sie nicht einmal erwähnte, als er König Joschija über die

Fortschritte der Tempelarbeiten Bericht erstattete. Erst am Ende dieses Berichts lässt er den König wissen, dass „der Priester Hilkija ihm eine Schriftrolle übergeben hatte" (Vers 18). Beachten Sie, dass er von einer „Schriftrolle" sprach, als ob es sich um irgendein altes Buch handeln würde, das in der Jerusalemer Bibliothek überfällig war. Der König reagierte jedoch völlig anders auf diese alte Schriftrolle.

Der empfindsame Joschija war entsetzt, als er hörte, was im Gesetz Gottes geschrieben stand. „Als der König hörte, was in diesem Gesetzbuch stand, zerriss er seine Kleider und befahl …: Geht und fragt den Herrn, was wir tun sollen! Unsere Vorfahren haben die Weisungen des Herrn nicht befolgt, die in diesem Buch stehen. Deshalb ist der Herr jetzt sehr zornig auf uns alle, die von Israel und Juda übriggeblieben sind" (Verse 19 und 21).

Zum ersten Mal wurde Joschija bewusst, wie viele Zusagen Gottes durch Untreue verwirkt worden waren.

Joschija hatte auf der Grundlage seiner begrenzten spirituellen Einsicht gehandelt, über die er bis dahin verfügt hatte. Doch nun drangen Gottes Wahrheiten so gewaltig in sein Herz und seinen Verstand, wie helles Sonnenlicht einen pechschwarzen Raum erhellt. Zum ersten Mal begriff der König das ganze Ausmaß des Bösen, das verübt worden war – Jahrzehnte lang waren Gottes Gebote mit Füßen getreten worden.

Zum ersten Mal wurde ihm bewusst, wie viele Zusagen Gottes durch Untreue verwirkt worden waren. Zum ersten Mal sah er das göttliche Strafgericht drohend wie ein Schwert über einem Volk hängen, das Gott unzählige Male den Rücken zugekehrt hatte. Er spürte, dass Gott selbst ihm nun sagen musste, was er in dieser kritischen Situation tun sollte.

Prophetische Worte

Die königlichen Beamten führten seinen Befehl umgehend aus und spürten eine in Jerusalem wohnende Prophetin namens Hulda auf. Ihre prophetische Antwort enthält eine Wahrheit, die für unser eigenes geistliches Vorankommen von entscheidender Bedeutung ist:

> „Antwortet dem Mann, der euch zu mir gesandt hat: Der Herr lässt dir sagen: Alle Verfluchungen, die du aus diesem Buch gehört hast, lasse ich in Erfüllung gehen. Ich bringe Unglück über diese Stadt und ihre Bewohner. Sie haben mir die Treue gebrochen und anderen Göttern geopfert. Mit ihren selbstgemachten Götzenbildern haben sie meinen Zorn herausgefordert. Das wird diese Stadt zu spüren bekommen! Für den König selbst aber, der euch hergeschickt hat, um den Willen Gottes zu erfragen, habe ich folgende Botschaft: ... Du hast dir mein Wort *zu Herzen genommen* ... Du hast dich darunter gebeugt, deine Kleider zerris-

sen und geweint. Darum habe ich auch dein Gebet gehört. Du wirst das Unglück, das ich über diese Stadt und ihre Bewohner bringen werde, nicht mehr mit eigenen Augen sehen. Du wirst in Frieden sterben und neben deinen Vorfahren begraben werden" (2 Chr 34,23–28).

Für Juda war es zu spät, Gottes gerechtem Gericht zu entgehen, doch es war nicht zu spät für Joschija, den Mann mit dem Herz für Gott.

Denken Sie über diese Worte nach: „Du hast dir mein Wort zu Herzen genommen … Du hast dich darunter gebeugt." In anderen Übersetzungen ist von einem „empfindsamen" Herzen die Rede, was man auch mit „weich und aufgeschlossen" übersetzen kann. Joschija war so empfänglich für das wiederentdeckte Gesetzesbuch, das die darin enthaltenen Wahrheiten sein Herz wie Pfeile durchbohrten. Er beugte sich vor Gott und weinte über den Schmerz, der Gott Jahrzehnte lang von seinem Volk zugefügt worden war. Er hätte für sich selbst Entschuldigungen finden können, da er doch ein so beispielhafter geistlicher Leiter war. Er hätte seine Vorfahren und das Volk für den schlimmen Zustand von Juda verantwortlich machen können. Doch hätte er das getan, wäre Joschija in Gottes Augen nicht so wertvoll gewesen.

Das empfindsame Herz des Königs war für Gott so kostbar, dass er das Strafgericht hinauszögerte, bis Joschija in Frieden neben seinen Vorfahren begraben sein würde. Joschijas Reaktion auf Gott und sein Wort erfreute Gott. Juda hatte unter der Herrschaft hartherziger Könige sehr gelitten, doch schließlich hatte Gott einen Menschen gefunden, der für sein Wirken empfänglich war.

Auf Grund des empfindsamen Herzens eines Mannes
wurde nicht nur er selbst gesegnet –
eine ganze Nation erfuhr dadurch Gottes Segen
und den Aufschub seines Gerichts.

Joschija begann seine außergewöhnliche Regierung mit der Suche nach dem Gott seines Vorfahren David. Und derselbe David gibt uns eine Ahnung davon, wie sehr Gott eine bestimmte Herzenshaltung schätzt: „Nahe ist der Herr denen, die zerbrochenen Herzens sind, und die zerschlagenen Geistes sind, rettet er" (Ps 34,18). Und in einem anderen Psalm heißt es: „Die Opfer Gottes sind ein zerbrochener Geist; ein zerbrochenes und zerschlagenes Herz wirst du, Gott, nicht verachten" (Ps 51,17).

Joschija brachte Gott ein weit besseres Opfer dar als irgendein auf dem Altar im Tempel geräuchertes Opfer und er wurde vor dem Gericht gerettet. Seine Aufgeschlossenheit – seine tiefe Empfindsamkeit – für Gottes Willen machte ihn zu einem der größten Könige auf dem Thron in Jerusalem. Durch seine Herrschaft, die von seinem empfindsamen Herzen geprägt war, wurde das Volk so stark beeinflusst, dass es heißt: „Solange Joschija lebte, hielten sie dem Herrn, dem Gott ihrer Vorfahren, die Treue" (2 Chr 34,33).

Bedenken Sie: Auf Grund des empfindsamen Herzens eines Mannes wurde nicht nur er selbst gesegnet – eine ganze Nation erfuhr dadurch Gottes Segen und den Aufschub seines Gerichts!

Durch und durch religiös

Begleiten Sie mich nun auf eine Reise durch die Zeit zu einer Synagoge in Israel mehr als 600 Jahre nach der Herrschaft Joschijas. In jenen Tagen planten die Pharisäer zum ersten Mal die Vernichtung Jesu. Im Markus-Evangelium, Kapitel 3, Verse 1 bis 6 wird berichtet, wie Jesus einen Mann mit einer verkrüppelten Hand heilte. Die Pharisäer beobachteten genau, was da vor sich ging. Der Grund für ihr Augenmerk gibt Aufschluss über ihre Herzenshaltung. Sie interessierten sich nicht etwa für den Mann, der unter einer körperlichen Behinderung litt. Er war ihnen völlig gleichgültig. Sie wollten vielmehr sehen, ob Jesus die Hand heilen und damit ihre Vorschriften für „Arbeit" am Sabbat verletzen würde. Die Pharisäer hatten Gottes Gebote mit so vielen eigenen Auslegungen und Traditionen gespickt, dass die Heiligen Schriften, auf die sie sich beriefen, schließlich nicht mehr wirklich Gottes Wort waren. Sie hatten ihr Herz gegenüber Gottes Wort verhärtet. Bevor Jesus die Hand heilte, fragte er die Pharisäer: „Was darf man nach dem Gesetz am Sabbat tun? Gutes oder Böses? Darf man einem Menschen das Leben retten oder muss man ihn umkommen lassen? Er bekam keine Antwort" (Vers 4).

Eine so einfache Frage hätte doch eine eindeutige Antwort verdient, oder? Nun, nicht unbedingt. Nicht, wenn man durch und durch mit religiösen Traditionen zugepackt ist. Nicht, wenn man mit seinen Lippen Gott ehrt, aber im Herzen Lichtjahre davon entfernt ist, Gottes Liebe und Gnade zu spüren. Es ist wichtig, sich klar zu machen, dass die Pharisäer, die an jenem Tag eine Antwort auf Jesu Frage verweigerten, weder säkulare Humanisten noch liberale Theologen waren. Sie waren vielmehr die auf die Bibel pochende Fundamentalisten ihrer Zeit. Die Pharisäer glaubten, dass das gesamte Alte Testament von Gott inspiriert war. Sie waren die Ultrakonservativen, die an Engel, Geister und die Auferstehung der Toten glaubten. Sie hätten bis vier Uhr morgens argumentiert, dass Gott das Rote Meer wortwörtlich geöffnet und Elia befähigt hatte, das Kind der Witwe vom Tode aufzuerwecken.

Die Pharisäer konnten die Heiligen Schriften auswendig zitieren, doch sie erkannten nicht den Sohn des lebendigen Gottes – den Messias Israels –, der direkt vor ihnen stand! Sie waren so voller Religion, doch sie wussten nichts von Gott und seinem wahren Wesen.

Ihr hartnäckiges Schweigen veranlasste Jesus zu einer scharfen Reaktion: „Voll Zorn sah er sie der Reihe nach an. Zugleich war er traurig, weil sie so engstirnig und *hartherzig* waren" (Mk 3,5). Jesus wurde nicht oft zornig, doch dies war eine der wenigen Situationen, in denen es geschah. Was war der Grund dafür? Die Herzenshärte, die er bei den geistlichen Führern Israels erkannte. Der Dienst für Gott war bei ihnen nur ein Abklatsch dessen, was er eigentlich sein soll. Und so hinderten sie die Menschen daran, in Gottes Königreich einzutreten, anstatt sie dorthin zu führen. Sie waren an jenem Tag in der Synagoge die „Verkrüppelten". Der arme Mann hatte ein Problem mit seiner Hand, doch die religiösen Leiter litten an einem verhärteten Herzen! Jesus war nicht nur zornig, sondern auch traurig. Wie traurig ist es, wenn „religiöse" Menschen nach Jahren der Tradition und des mechanischen Gottesdienstes abgestumpft sind.

Was hat dies mit Ihnen und mit mir zu tun? Alles! Wir sollten schleunigst herausfinden, ob wir nur über Religion verfügen oder eine echte Beziehung zu Christus haben – ob wir nur äußere religiöse Formen wahren oder ob unser Herz im Einklang mit Gott schlägt. Wir können jeden Sonntag in den Gemeindegottesdienst gehen und die Bibel zitieren, aber doch keine Ahnung davon haben, was wirklich wichtig ist für Gott. Es ist leichter, ein echter Baptist, Charismatiker oder Presbyterianer zu werden, als ein Nachfolger Christi mit einem empfindsamen, vom Heiligen Geist erfüllten Herzen zu sein. Ich treffe immer wieder viele Leute, die mehr über die Traditionen ihrer Gemeinde wissen als über Gott. Wir alle stehen in dieser Gefahr.

Wir sollten nie vergessen, dass es religiöse Menschen waren, die Jesus ans Kreuz gebracht haben. Statt sich nach der Heilung des Mannes zu freuen, „verließen die Pharisäer die Synagoge. Sie trafen sich sogleich mit den Parteigängern von Herodes, und sie wurden sich einig, dass Jesus sterben müsse" (Mk 3,6).

Sie waren zu sehr damit beschäftigt, den Mord an Jesus Christus zu planen, um auch nur daran zu denken, sich über Gottes Wunder zu freuen. Wie verhalten wir uns in solchen Situationen?

Wie viele heutige Gemeinden ähneln der Synagoge, in der Jesus lehrte?

Wie viele heutige Gemeinden ähneln der Synagoge, in der Jesus lehrte: Die Atmosphäre ist geprägt von Be- und Verurteilungen, doch von Gottes Wesen ist nur wenig zu spüren – die Leute kennen die Bibel sehr gut, doch sie können die göttliche Liebe und Barmherzigkeit nicht erkennen und verstehen. Traditionen werden peinlich genau befolgt, doch die Probleme der Gemeindeglieder werden kaum beachtet. Die Pharisäer zur Zeit Jesu waren verstimmt bei dem Gedanken an eine Verletzung des Sabbat, doch am gleichen Tag planten sie den Tod des Messias' Israels. Wie blind können wir doch durch die Tradition werden! Wie hart kann das menschliche Herz sein, auch wenn es durch und durch religiös ist!

Vielleicht können wir nun besser verstehen, warum Gott sich freute, dass König Joschija für ihn und sein Wirken offen war. Gott wusste bereits, dass man seinen Sohn ablehnen würde. Die Pharisäer besaßen und kannten die Schriften, die Gott Mose gegeben hatte, doch diese Schriften hatten auf die religiösen Führer keinen positiven Einfluss. König Joschija dagegen entdeckte Gottes Wort und nahm sich jede einzelne Silbe zu Herzen.

Lassen Sie uns dem Beispiel von Joschija folgen und darauf achten, dass unsere Herzen für Gott offen sind. Gott ist eine richtige Herzenshaltung wichtiger als jede äußere Wahrung von religiösen Ritualen und Traditionen. Wenn wir für Gott und sein Wirken sensibel und empfänglich sind, macht uns dies auch bereit, für andere Menschen, die Gottes Liebe brauchen, ein Segen zu sein. So wie Joschija eine ganze Nation auf Gottes Weg zurückbrachte, so werden auch wir entdecken, dass unsere geistliche Empfindsamkeit zu wundervollen neuen Erfahrungen mit Gott führt.

„Alle, die dir nicht gehorchen, will ich an deine Gebote erinnern, damit sie umkehren und tun, was dir gefällt" (Ps 51,15).

Herr, brich die harte Schale der religiösen Tradition auf, die sich im Laufe der Jahre in unseren Herzen gebildet hat. Lass uns wie kleine Kinder werden, die empfänglich und lenkbar sind. Gib uns ein neues Verständnis für dein Wort und lass uns offen sein für deinen Willen in unserem Leben. In Christi Namen. Amen.

Die letzte halbe Stunde

Als meine Frau und ich 1972 zur *Brooklyn Tabernacle* kamen, war diese eine kleine, ums Überleben kämpfende Gemeinde.[1] Nur eine Handvoll Gläubige kamen zu den Gottesdiensten. Auf dem Girokonto der Gemeinde befanden sich weniger als zehn Dollar – ein Saaldiener hatte sich Monate lang aus dem Opferkasten bedient. Das heruntergekommene Gebäude in der Atlantic Avenue war von außen und innen einfach deprimierend. Die Sitzbänke waren abgenutzt und die Decke wöllbte sich nach unten und kam schließlich eines Sonntagmorgens nach dem Gottesdienst vollständig herunter. In der Nachbarschaft herrschte Armut. Drogen waren an der Tagesordnung. Prostituierte gingen nur zwei Blöcke weiter ihrem Gewerbe nach. Es war ausgesprochen entmutigend.

Carol war die Tochter eines Predigers und hatte großes musikalisches Talent, sodass sie sofort eine Aufgabe hatte. Für mich war es viel schwieriger, meinen Platz zu finden. Die Anfangszeit in Brooklyn war hart und schleppte sich dahin, doch schließlich begann ich, ein winziges Licht am Ende des Tunnels zu sehen. Während ich die Bibel studierte und Zeit im Gebet verbrachte, gewann ich die klare Überzeugung, dass Gott uns für diesen Dienst berufen hatte und dass er uns in seiner Souveränität genau hier haben wollte.

Ungeachtet der scheinbar unüberwindlichen Probleme hatte Gott in dieser Gemeinde und an diesem Ort einen Plan mit uns.

Während ich Gottes Nähe suchte, wurden viele Zusagen seines Wortes lebendig. Ich begann, mich im Gebet auf diese Zusagen zu stützen, und verlor das Gefühl, ich sei überfordert. Gottes Geist half mir, die biblischen Wahrheiten zu verstehen, und das wiederum stärkte mein Vertrauen in Gott. Ungeachtet der trüben Umgebung und der scheinbar unüberwindlichen Probleme hatte Gott in dieser Gemeinde und an diesem Ort einen Plan mit uns. Warum sollte er uns nach Brooklyn geführt haben, wenn nicht zu dem Zweck, Menschen mit der Guten Nachricht zu erreichen und seinen Namen zu ehren? Es ging nicht darum, einfach nur Wasser zu treten und ums Überleben zu kämpfen. Warum sollte Gott nicht in unserer Situation seine Macht zeigen – so wie er es in der Apostelgeschichte getan hat? Zum Beispiel:

„Viele nahmen seine Worte zu Herzen und ließen sich taufen. Etwa dreitausend Menschen führte der Herr an diesem Tag der Gemeinde zu" (Apg 2,41).

„Tag für Tag versammelten sie sich im Tempel und in ihren Häusern feierten sie in jubelnder Freude und mit reinem Herzen das gemeinsame Mahl. Sie priesen Gott und wurden vom ganzen Volk geachtet. Der Herr führte ihnen jeden Tag weitere Menschen zu, die er retten wollte" (Apg 2,46–47).

„Die Christen, die in der Verfolgungszeit nach der Ermordung von Stephanus aus Jerusalem geflohen waren, kamen zum Teil bis nach Phönizien, Zypern und Antiochia … Gott stand ihnen zur Seite, sodass viele Menschen Jesus als ihren Herrn annahmen" (Apg 11,19.21).

Die Bedeutung des Gebets

Mir wurde auch immer deutlicher bewusst, dass der Schlüssel zu allem das Gebet ist. Nur Gott allein konnte einen ungeschulten und unerfahrenen Menschen wie mich zu einem wirkungsvollen Dienst bereit machen. Nur Gott allein konnte Carol und mir die Erfahrung schenken, dass sich Nichtchristen durch die Predigt des Evangeliums durch die Kraft des Heiligen Geistes zur Umkehr entschieden. Mit diesen Überzeugungen im Herzen lud ich eines Sonntags zu einem speziellen Morgengebet am nachfolgenden Donnerstag ein – jeder, der Interesse hatte, war willkommen.

An jenem Donnerstag versammelten sich sechs oder sieben andere mit mir zum Gebet. Wir gingen in einen

Raum in der zweiten Etage des Gemeindegebäudes, knieten uns auf den Boden und begannen, unser Herz vor Gott auszuschütten. Einige führten das Gebet an, und ich bat Gott inständig, mich von den negativen Gedanken zu befreien, die so oft über mich kamen. An jenem Morgen erlebten wir einen echten Durchbruch. Gott hatte uns ermutigt, und wir wussten, dass bald eine Wende eintreten würde. Ich stand erfrischt und mit einem noch intensiveren Verlangen, Gott zu dienen, vom Gebet auf.

Nachdem alle anderen gegangen waren, befand ich mich allein in meinem „Büro" (es war rund 2 mal 2 Meter groß). Augenblicke später begann das Telefon zu läuten, was eher ungewöhnlich war. Zu jener Zeit brauchte ich noch keine Assistentin, denn niemand rief jemals in dieser kleinen Gemeinde mit den großen Problemen an. Ich meldete mich mit „Hallo", und die schrille Stimme einer Frau schnitt meine Frage „Mit wem spreche ich?" einfach ab. Es folgte eine regelrechte Tirade – ohne dass ich wusste, wer da mit mir sprach oder warum diese Person überhaupt anrief.

„Hören Sie mir zu, Sie kleiner weißer Teufel!", rief sie aus. „Wen wollen Sie auf den Arm nehmen? Sie und ihr hässliches weißes Gesicht da drüben bei all den Schwarzen und Puertoricanern." Ich versuchte, sie zu unterbrechen, doch sie war jetzt richtig in Fahrt. Ich setzte mich langsam hinter meinen Schreibtisch.

„Ich kenne Sie, hören Sie? Sie sind nichts anderes als ein Teufel, wie all die anderen auch."

„Aber, aber … warten Sie", stammelte ich, um ihren Redefluss zu stoppen.

„Halt den Mund, du Bleichgesicht. Du bist ein Witz, deine Kirche ist ein Witz. Kapiert?"

„Aber Sie kennen mich doch gar nicht!", rief ich aus.

„Ich hab doch gesagt, du sollst den Mund halten. Ich bin hier diejenige, die redet, und ich weiß, dass du nichts anderes als ein verlogener weißer Teufel bist!"

So ging es immer weiter. Ich stand auf, um entschieden zu protestieren, doch schließlich gab ich auf und versuchte nicht mehr, etwas zu erwidern. Ich konnte mein Herz schlagen hören. Tränen stiegen in mir auf.

„Also, denk daran", fuhr sie fort, „ich weiß genau, wer du wirklich bist! Kapiert? Du bist ein nichtsnutziger weißer Teufel. So, jetzt muss ich weg. Ciao!" Dann legte sie auf.

Ich weiß nicht, wie lange ich mit dem Hörer am Ohr dastand. Ich war wie versteinert und völlig durcheinander. Ich hatte nicht ein einziges Wort der Verteidigung oder Erklärung abgeben können!

Ich bin mit Vorurteilen gegen Minderheiten aufgewachsen und habe im Kindergarten und auf dem College einige furchtbare Beispiele dafür erlebt. Das Basketballspielen auf den Plätzen in der Innenstadt hat seinen Teil zu meiner Erziehung beigetragen – sogar mehr als alles, was ich in der Gemeinde gehört oder gesehen habe. Ich hatte gelernt, dass im tiefsten Innern alle Menschen gleich und die äußeren Unterschiede – die Hautfarbe – völlig unwichtig sind, wenn man herausfinden will, wie die Menschen wirklich sind. Ich wusste, dass manche Bereiche meines Lebens nicht für Christus zeugten, doch die zornigen, rassistischen Anschuldigungen dieser Frau verletzten und frustrierten mich, weil sie so vollkommen falsch waren.

Ich ließ mich schließlich auf meinen Stuhl fallen und brach in Tränen aus. Mein Kopf fiel auf die Schreibtischplatte. In meinem Kopf arbeitete es fieberhaft. Was hatte es mit diesem Anruf auf sich? Was hatte ich getan, um einen solchen Angriff zu verdienen? Wer war die Anruferin? Kam Sie zu unseren Gottesdiensten? Nein, das konnte nicht sein – wir hatten ja nie Besucher! Wir waren froh, wenn die wenigen Gemeindemitglieder regelmäßig kamen.

Dann traf es mich wie ein Schlag. Moment mal! Wir hatten gerade erst zu Gott gebetet! War dies so etwas wie eine Antwort? Wenn ja, dann sollte ich wohl sofort mit dem Beten aufhören. Auf solche Antworten konnte ich getrost verzichten!

Festhalten an Gottes Zusagen

Ich hatte mich im Gebet an Gott gewandt, weil ich dachte, dass er unsere trostlose Situation verändern würde. Ich hatte auf seine Zusage vertraut: „Dort werden wir immer, wenn wir Hilfe brauchen, Liebe und Erbarmen finden" (Hebr 4,16). Nun fragte ich mich: *Wo sind seine Liebe und sein Erbarmen? Wie sollen sich die Dinge ändern, wenn verrückte Leute wie diese Frau anfangen, mich anzurufen?*

In meinem Innern hatte ein Kampf begonnen. Die geistlichen Fronten waren gesteckt. Ich musste wählen zwischen meiner Kenntnis über Gottes Zusagen und den negativen Situationen, die ich täglich erlebte und fühlte. Dieser Kampf, Gottes Zusagen in Anspruch zu nehmen und sich dafür zu engagieren, statt aufzugeben und sich von dem überwältigen zu lassen, was man sehen und fühlen kann, ging in all den Jahren, in denen Carol und ich Gott in der *Brooklyn Tabernacle* dienten, weiter. Gott hat uns kontinuierlich dahin geführt, dass wir unser Vertrauen für immer größere Dinge auf ihn setzen – doch das gespannte Verhältnis zwischen der Größe seiner Zusagen und den nach wie vor unveränderten Situationen, denen wir uns nach dem Gebet gegenübersehen, ist stets präsent.

Das gespannte Verhältnis zwischen
der Größe seiner Zusagen
und den nach wie vor unveränderten Situationen,
denen wir uns nach dem Gebet gegenübersehen,
ist stets präsent.

Dieses Problem ist nicht etwa ein spezifisches Problem von Carol und mir. Im Verlauf der Geschichte mussten Menschen, die Gott vertrauten, die Bedeutung der „letzten halben Stunde" lernen. Dies ist eine der Lektionen, die wir aus einem faszinierenden Textabschnitt im Buch Jesaja lernen können. Dieses prophetische Kapitel beschäftigt sich zwar in erster Linie mit dem verheißenen Messias, doch es enthält ein geistliches Geheimnis, das wir auch heute noch in seinem ganzen Ausmaß erfassen sollten.

Beachten Sie die Zusage in Jesaja, Kapitel 49, Vers 8: „Der Herr sagt: Wenn die Zeit kommt, dass ich mich über euch erbarme, erhöre ich euch; wenn der Tag eurer Rettung da ist, helfe ich euch." Ist das nicht eine wundervolle Verheißung? Gott sagt ganz deutlich, dass er seinen Leuten antworten und helfen wird. Aber lesen Sie, welchen Zeitpunkt Gott für seine Antwort und Hilfe festlegt: „Wenn die Zeit kommt, dass ich mich über euch erbarme ... Wenn der Tag eurer Rettung da ist." Gott hat einen bestimmten Zeitpunkt vorgesehen, an dem er seine Zusagen erfüllen und die Gebete beantworten wird. Es ist der „Tag" oder Augenblick, der für die Hilfe und Befreiung am günstigsten ist – er weiß genau, wann. Menschen, die an ihn glauben, können sicher sein, dass er ihrem Rufen antworten wird – aber wann das sein wird, das wissen sie noch nicht.

Und das ist der große Kampf in unserem Glauben – auszuharren und vertrauensvoll an Gott festzuhalten, auch wenn unser Gefühl uns etwas ganz anderes sagt. Unsere Herausforderung besteht darin, vertrauensvoll auf den Tag zu warten, an dem Gott sich erbarmt und uns Rettung schenkt.

Wie oft haben wir diesen scheinbaren Widerspruch ausgefochten? Wir fühlen uns durch eine Zusage Gottes tief getroffen, oder wir hören eine Predigt, die den Finger auf ein bestimmtes Bedürfnis in unserem Leben legt. Wir wissen, dass Gott unzähligen

Generationen seine Treue bewiesen hat. Wir beten von ganzem Herzen und stützen uns auf sein Wort. Aber dann scheint sich nichts, aber auch gar nichts zu ändern. Wir erleben in den nächsten 24 Stunden kein Wunder; in unserer schwierigen familiären Lage ist keine einschneidende Veränderung erkennbar. Manchmal scheinen sich die Umstände sogar zu verschlimmern! Das widerspenstige Kind, für das wir gebetet haben, wird noch rebellischer als vorher. Die Finanzen bessern sich nicht und neue Rechnungen kommen mit der Post oder wir verlieren unseren Job.

Gott weiß, wie sehr wir Menschen in diesen Zeiten, in denen der Himmel scheinbar schweigt, nahe dran sind aufzugeben. „Die Bewohner Jerusalems klagen: Der Herr, unser Gott, hat uns verlassen und vergessen" (Jes 49,14). Als das Volk Gottes zur Zeit Jesajas die Erfüllung der göttlichen Zusagen nicht erlebte, dachten sie, Gott hätte sie aufgegeben.

„Wo ist Gott?", fragten sie sich. „Wie kann seine Verheißung wahr sein? Er hat uns offenbar vergessen oder wegen unseres früheren Fehlverhaltens aufgegeben."

Gott, dem es immer Kummer macht, wenn wir ihm nicht vertrauen, antwortete unmittelbar: „Bringt eine Mutter es fertig, ihren Säugling zu vergessen? Hat sie nicht Mitleid mit dem Kind, das sie geboren hat? Und selbst wenn sie es vergessen könnte, ich vergesse euch nicht. Ich habe dich unauslöschlich in meine Hände eingezeichnet; deine Mauern sind mir stets vor Augen" (Verse 15–16). Kann eine Mutter den Säugling, den sie zur Welt gebracht hat, vergessen oder das Interesse an ihm verlieren? Wird ihr Herz nicht immer eng mit dem Kind, das aus ihrem Körper hervorgegangen ist, verbunden sein? Wie viel mehr sorgt unser liebender himmlischer Vater für Sie und mich? Wird Gott uns nun aufgeben, nachdem er seinen Sohn schon auf Golgatha für unsere Schuld geopfert hat? Wird er seine geliebten Kinder in eine Art „Schwarzes Loch" fallen lassen? Ist es vorstellbar, dass er uns vergessen kann, während das Lamm Gottes mit den Nägelmalen in seinen Händen im Himmel thront?

Was auch immer diese Worte für Jesajas Zeitgenossen bedeutet haben – wir sollten in Jubel ausbrechen, wenn wir lesen: „Ich habe dich unauslöschlich in meine Hände eingezeichnet." Das geschah auf Golgatha! Der auferstandene Christus erschien seinen Jüngern mit den Nägelmalen in den Händen. Egal, welche Schwierigkeiten wir durchmachen oder wie finster die Dinge erscheinen – wir dürfen an Gottes unveränderlicher Zusage festhalten, die Millionen von Gläubigen im Laufe der Jahrhunderte ermutigt hat: „Ich werde dich nicht vergessen!" Wir müssen nicht durch das, was wir „sehen", den Mut verlieren, und wir brauchen uns nicht durch unsere Gefühle verwirren zu lassen. Diese Wahrheit ist für immer im Himmel verankert: „Ich werde dich nicht vergessen!" Gott kann alles, nur nicht lügen!

Die Zusicherung der Fürsorge und Treue Gottes, die im 49. Kapitel des Buches Jesaja zum Ausdruck kommt, schenkt uns Ermutigung. Doch der schwierigste Teil ist weiterhin das Warten auf „Gottes Zeit", nicht wahr? In der Zeit des Wartens macht sich oft Entmutigung breit, und Satan nutzt diese Gelegenheit, um Gott zu verleumden und uns mit großen Versuchungen zu konfrontieren. Es ist gefährlich, wenn wir den Blick von der Zusage Gottes und von dem Geber dieser Zusage abwenden. Häufig geraten wir in Panik und versuchen, die Dinge selbst in unsere schwachen Hände zu nehmen. Das anfängliche Glühen des Glaubens wird immer schwächer, während die Tage, Wochen, Monate und manchmal sogar Jahre ins Land gehen, ohne dass wir eine Antwort auf unsere Gebete erleben. Wir fragen uns, ob sich jemals etwas ändern wird. Lohnt es sich, Gott weiterhin zu vertrauen?

Dies sind Fragen, die sich jeder echte Nachfolger Gottes irgendwann einmal (oder auch mehrmals) in seinem Leben stellt. Aus diesem Grund ist einer meiner Lieblingstexte der Bibel ein anderer Teil der Prophezeiung Jesajas:

„Ihr Israeliten, Nachkommen Jakobs, warum klagt ihr: ‚Der Herr kümmert sich nicht um uns; unser Gott lässt es zu, dass uns Unrecht geschieht?' Habt ihr denn nicht gehört? Habt ihr nicht begriffen? Der Herr, unser Gott, hat die ganze Erde geschaffen, und er regiert sie für alle Zeiten. Er wird nicht müde, seine Kraft lässt nicht nach; seine Weisheit ist tief und unerschöpflich" (Jes 40,27–28).

Gott weiß um unsere Schwierigkeiten und unsere Sorgen. Wenn wir seine Antwort in unserem Leben noch nicht sehen, bedeutet das nicht, dass wir ihm gleichgültig sind. Darüber hinaus brauchen wir nicht dem Unglauben nachzugeben, denn Gott gibt „den Schwachen Kraft".

„Er gibt den Müden Kraft, und die Schwachen macht er stark. Selbst junge Leute werden kraftlos, die Stärksten erlahmen. Aber alle, die auf den Herrn vertrauen, bekommen immer wieder neue Kraft, es wachsen ihnen Flügel wie dem Adler. Sie gehen und werden nicht müde, sie laufen und brechen nicht zusammen" (Verse 29–31).

Das Geheimnis besteht darin, eine Haltung einzunehmen, die auf den Herrn wartet, im Glauben auszuharren und an der frohen Erwartung festzuhalten, dass die Zusagen Gottes eintreffen werden.

Das Geheimnis besteht darin, eine Haltung einzunehmen, die auf den Herrn wartet.

Die Herausforderung, mit der wir es zu tun haben, ist das Vertrauen auf Gott, und der schwierigste Aspekt dieses Vertrauens ist das Warten. Der schwierigste Teil des Wartens ist die letzte halbe Stunde. Wir beginnen mit Gebet, das voller Vertrauen ist. Aber dabei bleiben wir nicht stehen. Wir müssen noch weiter gehen und darauf warten, dass jener zugesagte Zeitpunkt eintreffen wird, an dem Gott uns mit Gnade und Kraft begegnet. Wie tragisch ist es, wenn wir kurz vor dem Ziel aufgeben – kurz vor dem Zeitpunkt, da „sich Gott erbarmt", kurz vor dem „Tag unserer Rettung", an dem Gott wie versprochen antwortet.

Jesus prägte als einen der wichtigsten Grundsätze: „Was ihr mir zutraut, soll geschehen" (Mt 9,29). Doch um den Segen zu erfahren, nach dem wir uns sehnen, müssen wir glauben und immer weiter glauben, warten und immer weiter warten. Wir müssen im Gebet warten, wir müssen mit der geöffneten Bibel warten und uns immer wieder auf seine Zusagen berufen. Wir müssen voller Lob und Dank gegenüber dem Gott warten, der unsere Angelegenheit niemals vergessen wird, und wir müssen warten, indem wir weiterhin anderen Menschen in Jesu Namen dienen.

Es ist kein Wunder, dass uns von David so viele Ermutigungen überliefert sind, anhaltend im Glauben zu warten – auszuharren! Lesen Sie genau:

> „Auch werden alle, die auf dich harren, nicht beschämt werden ... denn du bist der Gott meines Heils; auf dich harre ich den ganzen Tag" (Ps 25,3.5).

> „Harre auf den Herrn! Sei stark, und dein Herz fasse Mut, und harre auf den Herrn!" (Ps 27,14).

„Unbeirrt habe ich auf den Herrn gehofft, auf seine Hilfe habe ich gewartet. Er hat mein Schreien gehört und mir geholfen!" (Ps 40,1).

Die meisten von uns wissen: „Keiner kann Gott gefallen, der ihm nicht vertraut" (Hebr 11,6). Doch viele von uns machen sich nicht klar, dass das Gleiche für das Warten auf den Herrn gilt. Glauben und auf Gott warten gehören untrennbar zusammen. Ich habe diese Wahrheit vor vielen Jahren begriffen, doch ich lerne immer wieder dazu. Ich erfahre Gottes Segen immer wieder neu, wenn ich erkenne, wie Gott seine Pläne entfaltet, während die Gläubigen voller Vertrauen und mit offenen Herzen darauf warten, von ihm beschenkt zu werden.

Lektionen in der Schule des Glaubens

Während ich zum Beispiel dieses Buch schreibe, hat es die *Brooklyn Tabernacle* mit einer neuen Herausforderung zu tun, die uns dazu anhält, Gott in größerem Maß als je zuvor zu vertrauen. Als ältester Pastor musste ich einige „Hauptseminare" in der Schule des Glaubens belegen. Unsere Gemeindeleitung hat begonnen – motiviert durch Gottes Eingebung und vier überfüllte Gottesdienste an jedem Sonntag – nach einem neuen Gebäude zu suchen. Nach vielen Gebeten und fleißigem Suchen stießen wir auf ein Theater mit 4 000 Sitzplätzen, das 1918 erbaut wurde und sich mitten in der Innenstadt von Brooklyn befindet. Wir kauften das Theater und zwei Nebengebäude, obwohl wir zu Beginn der Verhandlungen nicht über die nötigen Mittel verfügten. Gott sorgte auf unglaubliche Weise für uns, doch der Kauf brachte noch größere Probleme mit sich. Das Ausmaß der erforderlichen Renovierung war ungeheuer groß und würde komplizierte und kostenaufwändige Umstrukturierungen mit sich bringen, um unseren Bedürfnissen als Gemeinde zu genügen. Außerdem waren sämtliche Gebäude in sehr schlechtem baulichen Zustand. Die wunderschönen Stuckarbeiten an den riesigen Decken waren durch Wasserschäden zerstört worden. Die Baukosten in New York, die Kosten für die Architekten, für technische Neuerungen, Fassaden- und Dacharbeiten und viele andere Details erforderten ein Budget von mehreren Millionen Dollar! Das ist eine riesige Summe für jede Organisation, aber ganz besonders für eine Gemeinde.

Obwohl die Lage nicht sehr günstig aussah, erfuhren wir weiterhin Gottes Hilfe. Zu den regelmäßigen Gaben der Gemeinde und von Freunden im ganzen Land kamen große, unaufgeforderte Spenden. Eine christliche Organisation kam mit dem Angebot auf uns zu, der Gemeinde Geld zu leihen. Nachdem wir gebetet und Gottes Willen gesucht hatten, nahmen wir das Angebot an, sodass die Bauarbeiten so rasch wie möglich fortschreiten konnten. Das neue Gebäude würde uns immerhin die Möglichkeit bieten, jeden Sonntag in drei Gottesdiensten bis zu 12 000 Menschen zu erreichen. Außerdem würde uns mehr Platz für die Kinder- und Jugendarbeit, Jüngerschaftsschulungen und größere evangelistische Aktivitäten zur Verfügung stehen. Es wurden Pläne entworfen und mit der Baubehörde der Stadt abgestimmt, und schließlich begann der lange Renovierungsprozess. Zuallererst mussten große Abrissarbeiten vorgenommen werden, um alte Systeme und Einrichtungen zu entfernen.

Die Last der Furcht

Als die Abrissphase beendet war, flog ich mit Carol und einem kleinen Missionsteam der *Brooklyn Tabernacle* nach Südamerika. Wir hielten dort eine Konferenz für Hunderte von Pastoren, von denen einige in sehr ärmlichen Verhältnissen lebten und weite Strecken zurückgelegt hatten, um mit uns zusammenzutreffen. Wir verteilten Hunderte von Ausgaben meines Buches in spanischer Übersetzung. Obwohl es seltsam erscheint, dass eine Gemeinde, die noch nicht wusste, wie sie ihr großes Bauprojekt zu Ende führen würde, Tausende von Dollar für Missionsarbeit ausgab, bezahlten wir unsere gesamten Reisekosten selbst und unterstützten außerdem die Pastoren, die an der Konferenz teilnahmen.

Kurz vor Antritt der Reise erhielt ich einen Anruf von der Organisation, die uns Geld geliehen hatte. Einer der Verantwortlichen erklärte, dass sie die Kosten unserer ersten Bauphase sorgfältig geprüft hätten. Er klärte mich darüber auf, dass selbst mit dem von ihnen geliehenen Geld ein Defizit von sechs Millionen

Dollar vorhanden war. Er wollte wissen, wie wir dieses Defizit begleichen und die Arbeiten fertig stellen wollten, damit wir mit dem Gottesdienst in dem neuen Gebäude beginnen könnten. Ich hatte keine Antwort darauf, doch ich erinnerte ihn daran, dass wir ihnen nach ihrem Angebot klar gemacht hatten, dass wir dieses Unternehmen im Vertrauen auf Gott durchführten. Ich versicherte ihm, dass wir als Gemeinde weiterhin beten und darauf vertrauen würden, dass Gott uns die erforderlichen Mittel zukommen lassen würde.

Während meines Aufenthalts in Südamerika begann sich die Zahl von sechs Millionen Dollar in meinem Kopf zu drehen. *Wie sollen wir so viel Geld beschaffen?*, fragte ich mich. *Unsere Gemeinde allein kann es bestimmt nicht aufbringen. Uns fehlt einfach die nötige finanzielle Grundlage.* Dann tauchten weitere Fragen auf: *Wenn wir nun keine Mittel mehr erhalten und die Arbeiten einstellen müssen? Was soll ich tun, um dieses Geld aufzubringen? Was soll ich nur tun?*

Ich kenne nur zwei Möglichkeiten, große Geldbeträge aufzubringen: beten und geben. Jesus versprach uns: „Bittet und ihr werdet bekommen" (Mt 7,7). Gott hat versprochen zu antworten, wenn wir unsere Bedürfnisse vor ihm ausbreiten. Er hat außerdem zugesagt: „Schenkt, dann wird Gott euch schenken" (Lk 6,38). Also dachte ich über unsere Situation nach. Ich erinnerte Gott daran, dass wir als Gemeinde regelmäßig und inbrünstig für dieses Projekt gebetet hatten. Außerdem waren wir treue Geber für Gottes Sache, unter anderem für unsere gegenwärtige Arbeit in Südamerika. Doch trotz allem waren der Anruf und das sechs Millionen Dollar große Defizit eine Last, die meinen Kopf und meine Seele beschwerte.

Eines Nachmittags ging ich spazieren, um zu beten. Statt mich jedoch auf Gott zu konzentrieren, begann ich an all die Aufforderungsschreiben zu denken, die ich wahrscheinlich bald aufsetzen würde. Vielleicht sollte ich jemanden anrufen, der über ein großes Vermögen verfügte. Kannte ich jemanden, der dafür in Frage kam? Während mir die Gedanken im Kopf herumschwirrten, fühlte ich, wie Gott zu mir sprach. „Überlass das alles mir", schien er zu sagen. „Mach dir keine Sorgen. Hab Vertrauen, bete und warte." Jedes Mal, wenn ich wieder ängstlich zu werden drohte, spürte ich die gleiche Botschaft: „Warte auf mich. Versuch nicht, das Problem selbst zu lösen. Warte einfach nur ab." Ich begann erneut, auf Gott zu vertrauen.

Jedes Mal, wenn ich wieder ängstlich zu werden drohte, spürte ich die gleiche Botschaft: „Warte auf mich. Versuch es nicht selbst zu lösen. Warte einfach nur." Ich begann erneut, auf Gott zu vertrauen.

Wundervolle Überraschungen

Neun Tage später kehrten wir in einem zehnstündigen Nachtflug von Buenos Aires nach New York zurück. Ich ruhte mich ein paar Stunden zu Hause aus und ging dann zur Gemeinde. Mein Schreibtisch quoll vor

Post, Fax- und Telefonnachrichten über. Gegen Mittag begann ich, mich durch den Stapel zu arbeiten, und am späten Nachmittag wurde es wirklich interessant.

Ich öffnete innerhalb von zehn Minuten zwei Briefe, die mein Herz höher schlagen ließen. Ein Brief stammte von einem Mann aus dem mittleren Westen, dem ich ein- oder zweimal die Hand geschüttelt hatte. Wäre er an diesem Tag in mein Büro gekommen, hätte ich ihn aber vermutlich nicht erkannt. Doch er schrieb mir, dass er sich von Gott dazu beauftragt fühlte, uns eine Million Dollar für unser Projekt zu spenden. Der zweite Brief kam von einer Gruppe von Leuten, denen ich nie begegnet war. Sie ließen mich wissen, dass sie uns fünf Millionen Dollar zukommen lassen würden!

Beide Spenden wurden uns unaufgefordert zur Verfügung gestellt. Sie betrugen zusammen sechs Millionen Dollar – exakt die Summe, die mir so viel Kopfzerbrechen bereitet hatte. Offensichtlich hatte Gott uns nicht vergessen, während wir in Südamerika tätig waren. Und er hatte auch nicht die übrige Gemeinde vergessen, die zu Hause gebetet hatte.

Gottes „Tag des Heils" war gekommen; er half uns, so wie er es uns zugesagt hatte. Wir lernten eine wertvolle Lektion: Wenn wir vertrauensvoll beten, wird Gott antworten, doch wir müssen lernen, mit treuen Herzen, die ganz von ihm abhängig sind, auf sein Handeln zu warten. Es war eine dringend erforderliche Lektion, denn wir haben bis zur Fertigstellung unseres Projekts noch immer finanzielle Herausforderungen vor uns.

Welche Glaubenslektion will Gott Ihnen oder Ihrer

Gemeinde erteilen? Sind Sie bereit, ihm in allen Problemen und Sorgen zu vertrauen, mit denen Sie gegenwärtig kämpfen? Denken Sie daran: Er hat Sie nicht aufgegeben (er *kann* es gar nicht), und er hat Sie nicht vergessen, wie hoffnungslos Ihre Lage auch aussieht. Er wartet darauf, dass Sie Ihre Probleme, Zweifel, Mühen und Herausforderungen in völligem Vertrauen in seine Hand legen.

Wenn Sie dies tun, können Sie die Aussage von Jesaja vertrauen: „Der Herr wartet sehnlich auf den Augenblick, an dem er sich euch wieder zuwenden kann. Er will seine Macht zeigen und sich über euch erbarmen, denn er ist ein Gott, der dem Recht Geltung verschafft. Wie glücklich sind alle, die ihre Hoffnung auf ihn setzen!" (Jes 30,18).

Himmlischer Vater, wir preisen dich für die Gnade, die du uns in der Vergangenheit erwiesen hast. Lehre uns, mehr zu beten und dir von ganzem Herzen zu vertrauen. Schenke uns den Glauben, der geduldig auf die Erfüllung deiner Zusagen warten kann. Hilf uns dabei, uns vor dir zu demütigen und aufmerksam auf dein Reden zu achten. Gestalte uns zu mitfühlenden Menschen, sodass auch andere in unserem Leben Jesus erkennen können. Wir möchten, dass du in unseren Herzen dein Zuhause findest. In Christi Namen. Amen.

Anmerkung

[1] Ich habe über einige dieser Herausforderungen in meinem ersten Buch „Wenn Glaube Feuer fängt", Asslar: Projektion J Verlag, 2000, berichtet.

Leidenschaft für Gott –
neuer Schwung für Ihre Gemeinde

Vor 25 Jahren: Jim Cymbala übernimmt eine Gemeinde im berüchtigten New Yorker Stadtteil Brooklyn. Die Mitglieder: Drogenabhängige, Prostituierte und Kriminelle. Zu Beginn seines Dienstes nehmen nur etwa 20 Menschen an Cymbalas Gottesdiensten teil; heute sind es 6 000.
Lesen Sie nicht nur von Erfolgen, sondern auch von den Niederlagen und dem persönlichen Scheitern – dennoch wird eines ganz deutlich: Wenn Menschen bereit sind, sich ganz Gottes Herrschaft anzuvertrauen, dann ist auch das scheinbar Unmögliche möglich.

Jim Cymbala • Dean Merrill
Wenn Glaube Feuer fängt
Tb., 224 Seiten
Bestell-Nr. 657 308

Eine Tragödie als Chance
für einen Neubeginn

Die grausamen Ereignisse des 11. September 2001 haben die ganze Welt erschüttert. Betroffen war auch die Gemeinde von Pastor Jim Cymbala, das *Brooklyn Tabernacle*. Die Gemeinde liegt in der Nähe des World Trade Centers und verlor bei dem Anschlag einige ihrer Mitglieder.
Viele Christen in New York haben auf Grund des 11. September ihre Berufung ganz neu ernst genommen. In diesem Buch lesen Sie davon. Dramatische Erfahrungen und bewegende Erlebnisse, die aufrütteln und motivieren!

Jim Cymbala • Stephen Sorensen
Gottes Gnade in der Stunde Null
Tb., 80 Seiten
Bestell-Nr. 815 778